# 한눈파는
# 시간의힘

평범한 일상을 특별한 기회로 바꾸는

# 한눈파는 시간의 힘

| 김민영 지음 |

카시오페아
Cassiopeia

# 재미있는 것만 하기에도
# 인생은 너무 짧다

지금 삶이 지루하고 재미없게 느껴진다면, 그건 당신이 한눈팔지 않고 열심히 한 우물을 파며 살고 있다는 증거다. 이 말을 듣고 "일이든, 공부든 한 곳에 집중을 못 하는 게 문제지, 다른 데 한눈팔지 않는 게 대체 뭐가 문제냐"고 억울함을 토로하는 분들도 분명 있을 것이다. '한눈팔다'라는 말의 사전적 정의에 비추어보면 관념상 한눈 파는 행위는 곧 불성실하고, 책임감 없는 것으로 여겨지기 때문이다.

인생이 재미없다는 사람들은 대부분 자신의 '취향'과 '기호嗜好', 즉 '좋아하고, 즐기는 것'을 잘 모르는 경우가 많다. 다시 말해, 본인에 대해 잘 모르는 것이다. 부모님의 품을 떠나 스스로 인생을 책임지는 어른으로 성장했지만, "내가 뭘 하고 싶은지 모르겠어", "나도 내 마음을 잘 모르겠어"라고 하소연하는 이들이 적지 않다. 획일화된 입시 위주의 교육, 점수 줄 세우기에 밀려버린 적성에 대한 고민, 과정보다 결과만을 중시하는 사회 분위기에서 더욱 그렇다. 내가 무엇을 좋아하고, 무엇을 할 때 즐겁고, 무엇을 잘하는지에 대한 충분한 고민이 없었기 때문이다.

이제라도 우리는 한눈파는 시간을 가짐으로써 각자가 좋아하는 것, 하고 싶은 것을 시도하며 본인의 마음을 찬찬히 들여다보고, 삶에 재미와 활력을 불어넣어야 한다. 한눈파는 시간은 자신을 적극적으로 탐색하고, 삶의 주인으로서 오롯이 본인만을 위한 충전의 시간과 같다.

누구는 한 우물만 열심히 판 후 녹초가 된 몸을 침대에 누이는 것이 휴식이라 생각하고, 퇴근 후까지 업무를 고민해야 열심히 일하는 것으로 생각한다. 반면 한눈파는 사람들은 재미있는 것에 몰입하는 시간이 진정한 휴식이자 인생의 즐거움이라는 것을 안다. 본업에 충실하면서도 잠시 그 우물 밖으로 나와 프라모델을 조립하고, 마음 맞는 사람들과 독서모임을 갖고, 원데이 클래스에 참여해 베이킹을 배우고, 스킨스쿠버 자격증을 획득하는 등의 활동을 즐긴다.

물론 아무리 좋아하는 일일지라도 일부러 꾸준히 시간을 내고, 하나씩 하나씩 공부해나가려면 당연히 많은 에너지가 들 수밖에 없다. 하지만 한눈파는 시간에 쏟는 에너지는 누워서 TV를 보며 몸이 편한 것과는 비교도 할 수 없을 정도로 큰 만족감을 준다. 지친 마음을 달래는 것은 물론이고 이를 통해 새로운 아이디어를 얻게 되고, 각각의 한눈판 경험들이 결합·융합되면서 상상도 못 한 기회가 찾아오기도 한다.

요즘같이 자신의 취향을 적극적으로 드러내고 각자의 개성이 존중받는 시대에는 '한눈팔다'라는 말의 내포적 의미가 긍정적으로 바뀌어야 하지 않을까? 이러한 발상의 전환을 통해, 많은 사람이 더는 일 혹은 바쁜 생활을 핑계로 '하고 싶은 일', '좋아하는 일'을 마음에 품고만 있거나 포기하지 말고 적극적으로 시도하길 바라는 마음으로 책을 썼다.

이 책을 쓴 나 역시 한때 학생으로서, 직장인으로서 한 우물만 파는 것이 정답이라고 믿던 사람이었다. 매 순간 열심히 최선을 다했지만, 나와 같은 우물을 파는 사람들과의 줄 세우기 경쟁에서 밀리고 지치고, 때로 좌절감도 느꼈다. 그럴수록 '어떻게 살아야 할지'에 대한 고민과 혼란은 더욱 커졌다. 돌파구는 한눈파는 시간에 있었다. '경제적 안정'보다 '배움'과 '성취감'을 주는 일, '남에게 보이는 것'보다 '내면의 만족감을 주는 것'에 한눈을 팔다 보니, 녹록지 않다고 생각되던 세상살이가 즐겁고 재미있는 일들로 가득 차기 시작했다.

비단 나뿐만이 아니었다. 그동안 우리가 인지하지 못했을 뿐이지 천재라 불리는 레오나르도 다빈치, 아인슈타인, 스티브 잡스와 같은 사람들부터, 남 눈치 보지 않고 자신의 삶을 적극적으로 경영해나가고 있는 우리 주변 사람들 역시 한눈파는 시간을 가졌다. 이 책을 집필하는 지난 몇 개월 동안 한눈파는 시간의 힘에 대한 보다 객관적인 근거들을 제시하기 위해 뇌 과학과 심리학 등 수많은 책을 들여다보고 연구하며 가슴이 뛰기 시작했다. 자신에게 맞지 않는 일 또는 만족감을 주지 않는 일 한 가지에만 목을 맬 필요 없이 하고 싶은 일을 마음껏 시도하는 삶을 통해 즐거움뿐만 아니라 아이디어, 성취감, 기회 등 여러 긍정적인 효과를 얻을 수 있다니 생각만 해도 신이 나지 않는가?

글 쓰는 개발자, 바이올린 켜는 의사, 가수 겸 작가, 취미가 제2의 직업이 된 사람. 이들이 본업 외에 다른 일에 한눈팔고 있다고 해서 삶을 대충 살고 있다는 생각이 드는가? 오히려 하고 싶은 일도 열심히 하며 가슴 뛰는 삶을 살고 있을 거라는 생각이 들지 않는가? 이들이 처음부터 특별한 능력을 갖추고 있었기 때문이 아니다. 조금씩 한눈파는 시간을 축적해온 덕분이다.

누구도 하던 일만 열심히 한다고 해서 자신의 취향과 기호를 알 수는 없다. 여러 다양한 경험을 하고 시도를 해봐야 나에게 적합한 재미를 찾아낼 수 있다. 그때부터 인생은 더욱 즐거워지고 재미있어진다. 그야말로 재미있는 것만 하기에도 인생이 너무 짧다는 걸 실감하게 될 것이다.

당신도 할 수 있다. 다만 남들 눈치 보지 말고 세상이 정해놓은 정답에 맞춰 살아야 한다는 고정관념부터 버려야 한다. 자신의 중심우물에 충실하면서 동시에 성실하고 열심히 자신이 좋아하는 일, 재미있는 일에 한눈파는 시간을 갖다 보면 당신 역시 지루한 일상에서 벗어나 가슴 뛰는 삶을 살게 될 것이다. 부디 이 책이 당신이 한눈파는 시간을 갖는 데 필요한 용기를 심어주어, 당신의 인생을 보다 만족스럽게 경영해나가는 데 도움이 되길 바란다.

2016년 11월
김민영

**차례**

## Step 3
## 한눈파는 즐거움을 알면 더 큰 세상이 보인다

## Step 4
## 한눈팔기가 쉬워지는 7가지 습관

# Step 1

## 한 우물만 파면 성공하고,
## 행복도 따라올 줄 알았다

# 한 우물만 파면
# '우물 안 개구리' 된다

'한눈팔다'라는 말의 사전적 정의는 '마땅히 볼 데를 보지 않고 딴 곳을 보다'이다.

학교 끝나면 <u>한눈팔지</u> 말고 곧장 집으로 오너라.
그녀는 시험에 합격하기 위해 <u>한눈팔지</u> 않고 공부만 했다.
동생은 <u>한눈팔며</u> 걷다가 넘어져 다리를 다쳤다.

위 예시와 같이 한눈판다는 말은 대게 부정적인 의미로 쓰인다.
그렇다. 우리는 한눈팔면 안 된다고 배웠다. 그래서 다른 데 눈 돌리지 않고 한 우물만 열심히 파면 성공하는 줄 안다. 그리고 현재가 괴롭고 힘들더라도 그저 참고 견디다 보면 언젠가는 행복해질 거라고 기대하고 있다.

우리나라 청년들은 부모님 세대에 의해 어려서부터 한눈팔면 안 된다고 학습해온 것도 모자라, 특히 최근에는 극심한 취업난과 고용 불안으로 인해 한눈팔기 더욱 어려운 환경에 놓여있다. 안정된 직장을 얻기 위한 토익, 자격증, 공모전 등 화려한 스펙 쌓기는 기본 중의 기본이고, 취업에 도움이 될까 싶어 매달 헌혈과 봉사활동에 열을 올리고, 동아리 활동 역시 취업에 유리한지를 가장 중요한 판단 기준으로 삼는 등 '취업 성공'이라는 하나의 목표를 향해 앞뒤 보지 않고 달려간다.

많은 사람이 한눈팔지 않고 바늘구멍 같은 취업문을 뚫으면 좋은 일자리도 얻고, 인생의 탄탄대로가 펼쳐질 것이라는 기대감으로 열심히 달려왔지만, 정작 이렇게 힘겨운 과정을 거쳐 어렵사리 시작한 회사생활이 만족스럽다고 말하는 사람은 그리 많지 않다.

직장생활을 시작하고 나면 대부분의 사람이 이제는 또 당연히 일에만 올인해야 한다고 생각한다. 그래야 돈이든, 명예든 나중에 더 큰 보상으로 돌아온다고 믿으며, 그때까지 다른 데 한눈팔 시간이나 여유를 갖는 것은 사치일 뿐이라고 여긴다. 한눈팔면 안 된다고 우리도 모르는 사이에 자연스럽게 학습해온 결과다.

그래서 당연히 포기해야만 하는 것들도 생겼다. 지금 하고 싶은 것들을 언제가 될지 모를 '그 언젠가'로 미뤄둬야만 하기 때문이다.

"당신은 하고 싶은 일을 하며 살고 있습니까?"

'생애선택의 자유'를 측정하기 위한 질문이다. '생애선택의 자유'란 유엔 지속가능위원회가 조사하는 세계행복지수의 한 항목으로, 직업뿐만 아니라 진로, 인생의 방향 등을 자유롭게 선택하고 있는지를 판단하는 지표이다.

2016년 조사 결과를 보면, 우리나라는 조사대상 158개국 중에서 122위를 차지했다. 지난 2015년 116위에 이어 더 낮은 순위를 기록한 것이다. 더구나 아시아 국가 가운데서는 최하위라는 불명예까지 안았다. 그런데 한 가지 특이점이 이목을 끌었다. 대부분 국가의 경우에는 '생애선택의 자유'가 '행복지수'와 비례한다. 그런데 우리나라는 이에 해당하지 않는다는 점 때문이다. '행복지수'만 따지고 보면 올해 58위로 비교적 높은 편이었지만, '생애선택의 자유'는 매우 낮았다.

이러한 결과에 대해, 행복지수 비교 연구를 담당했던 서울대 조병희 교수는 KBS와의 인터뷰에서 "우리나라의 경우 경제적 소득과 건강, 수명 등은 상대적으로 높은 편이지만, 정작 개개인은 자신의 인생에서 선택의 자유를 누리지 못하고 있다는 것을 나타낸다"며, "다들 경제적 성취를 잘할 수 있는 직업으로 몰려가다 보니, 자기가 진짜 하고 싶은 일을 하면서 사는 사람은 많지 않다는 이야기와 같다"고 분석했다.

지금 당신이 파고 있는 우물은 어떤 우물인가? 자발적인 선택이 아닌 그저 먹고 살기 위해 어쩔 수 없이, 또는 안정적이거나 사회적으로 인정받는 직업이라는 기준에 맞춰 우물을 선택하고 맹목적으로 파고 있는 것은 아닌지 한번 돌아볼 필요가 있다.

물론 이러한 선택이 틀렸다는 말은 아니다. 오랜 기간 뚝심 있게 한 우물을 파며 해당 분야 전문가로 인정받는 분들은 정말 대단한 분들이다. 다만 이 책에서 얘기하고 싶은 것은 나에게 맞지 않는 우물이라는 것을 깨닫고 이러한 현실에서 벗어나고는 싶은데 도무지 답이 보이지 않는다고 불평불만을 늘어놓으면서도, 변함없이 계속 한 우물만 파고 있는 사람들을 위한 메시지다. 그들에게 답은 분명히 있다고. 꿈도, 재미도, 행복도, 미래도 다 포기하지 않아도 되는 삶을 살 수 있다고 말해주고 싶다.

생각해보자. 일 때문에 지금 당장 하고 싶은 무언가를 가슴 속 깊이 묻어둬야만 하고, 그러다 보니 자신이 정말 무엇을 하고 싶은지조차 모르는 삶을 사는 것이 진정한 행복일까? 그래서 돈, 지위, 명예를 얻으면 그 이후의 삶은 행복할까?

하고 싶은 일들을 미뤄만 두지 않고 지금 당장 실행해도 된다는 것을 알아야 지금보다 더 행복해질 수 있다. 그런 의미로 이제부터는 한 우물만 파길 멈춰볼 것을 권한다. 이제부터는 잠시 눈을 돌려 우물 밖으로 고개를 내밀고 내 우물 밖에는 어떤 우물들이 있는지 한

번 둘러보고 용기 있게 다가가 보자.

특히 요즘과 같이 변화가 빠르고 복잡화, 다양화된 시대에는 '한 우물'만 파다가 '우물 안 개구리'가 될 위험성이 더욱 높아졌다.

복잡다단한 세상에서 우리가 무엇을 '선택'하고 무엇에 '집중'할 것인지는 매우 중요하다. 그래서 다양한 변수들을 고려해 고심 끝에 신댁했다면, 당연히 다른 데 한눈팔지 않고 선택한 것에만 집중해야만 최선의 결과를 도출해낼 수 있다고 믿는다. 하지만 많은 사람이 선택과 집중이라는 시스템 속에서 눈앞의 문제와 목적에만 집중하다 보면 정작 중요한 것을 놓치게 되는 경우가 생긴다는 것을 알지 못한다.

『나쁜 뇌를 써라』의 저자 강동화 신경과 교수는 그의 저서에서 "오로지 눈앞의 문제에만 집중하느라 정작 문제의 핵심을 놓치고 있다면 이건 '갇힌 집중' 상태"라며, "마치 터널 속을 지나갈 때처럼 주변 시야는 까맣고 중심 시야만 남아있는 상태"라고 언급했다. 우리 두뇌가 '갇힌 집중' 상태에 빠지면, 때로는 한 가지에만 집중해 자칫 생각지 못한 실수를 하게 될 수도 있고, 소중한 것 또는 중요한 것에 관심을 기울이지 못하고 외면해 버리는 우를 범하게 될 수 있다.

한 우물에만 집중하다가는 자칫 착각과 미숙한 판단을 할 수 있다는 것을 보여주는 실험도 있다. 미국의 심리학자 대니얼 사이먼스 Daniel Simons와 크리스토퍼 차브리스Christopher Chabris의 '보이지 않는 고릴라' 실험1999이 바로 그것이다.

피험자들은 미리 촬영된 영상을 보며 사전에 연구진들이 지시한 대로 흰색티셔츠를 입은 학생들이 서로에게 공을 패스하는 횟수를 세었다. 영상 속에서는 각각 흰색과 검은색 티셔츠를 입은 두 팀의 학생들이 농구공을 주고받고 있었고, 같은 색의 옷을 입은 학생들끼리만 농구공을 주고받을 수 있다는 규칙이 있었다. 그들은 혹여 하나라도 놓칠세라 온 신경을 집중해 흰색티셔츠를 입은 학생들에게서 눈을 떼지 못했다.

그런데 영상을 다 보고 난 후, 피험자들은 연구진으로부터 뜻밖의 질문을 받았다. "혹시 고릴라를 보았나요?" 절반 이상이 못 봤다고 답했다. 영상을 다시 확인해보니 고릴라 의상을 입은 학생이 무대 중앙에 나와 가슴을 두드리며 킹콩 흉내를 내고 있었다.

'아니 어떻게 내가 저걸 못 볼 수 있지?' 피험자들은 당황스러워했지만, 사실 어찌 보면 이는 인간이 주어진 목표인지적 과업에 충실하도록 돕는 유용한 인지적 기제로, 과업 수행 능률을 높이기 위해 불필요한 자극을 배제하는 인간만이 가진 뛰어난 능력이라 볼 수 있다. 하지만 그로 인해 인간의 인지능력에 한계가 있을 수 있다는 것 또한 이 실험을 통해 드러났다.

한눈팔지 않고 무작정 한 우물을 파다가는 바깥 세상에 둔감해지는 것은 물론 우물을 위협하는 위험요소를 민첩하게 알아채고 대응하기가 쉽지 않다.

　지금 한눈팔기를 권하는 나 역시 한때는 한 우물에 빠져 내 우물 밖의 세상으로 눈 돌릴 생각을 못 하던 때가 있었다. 어려서부터 절실하게 꾸었던 '꿈'이라는 콩깍지에 씌어 아주 오랫동안 한 우물만을 파왔기 때문이다.

　내 오랜 꿈은 아나운서였다. 초등학교 1학년 때 "넌 목소리가 좋으니, 나중에 아나운서를 하면 좋겠구나"라던 담임 선생님의 말씀 한 마디에서 내 꿈은 시작됐다. 그때부터 나는 소리 내어 책을 읽으며 어떻게 하면 좀 더 아나운서처럼 읽을 수 있을지를 고민했다. 고등학생이 되어서는 아나운서들이 진행하는 실제 뉴스 원고를 프린트해 혼자 반복해 읽고 녹음하며, 스스로 부족한 점을 고쳐나갔다. 초등학교 때부터 고등학교를 졸업할 때까지 생활기록부 장래희망란에는 아나운서라는 네 글자가 한 번도 빠진 적이 없었다.

　꿈 하나밖에 보이지 않았던 그 당시에는 한 우물만 파고 있는 내가 무척 잘하고 있다고 생각했는데, 지금은 당시를 회상하며 이런 생각을 한다. '꿈이라는 콩깍지를 하루빨리 벗어던지고, 한눈을 팔았더라면 좋았을 텐데….' 꿈은 인생의 목표, 자아실현의 도구가 되기도 하지만, 나는 꿈이라는 콩깍지에 씌어 한 우물만 파다가 내 옆을 스쳐 가는 수많은 기회를 눈앞에서 놓쳐버리거나 그릇된 판단을 해왔다.

방송의 꽃이라 불리는 아나운서라는 직업은 많은 사람이 알다시피 꿈꾸는 사람이 워낙 많고 경쟁이 치열하다. 다행히 나는 대학 졸업 후 바로 방송사 리포터로 일을 시작해, 남들보다 빨리 꿈에 다가선 듯 했다. 취재하고, 원고를 작성하고, 방송을 진행하는 일인다多역을 소화하는 게 가끔 버거울 때도 있었지만, 마이크 앞에 앉아 말을 하고, 사람들이 내 목소리에 귀를 기울인다는 사실 자체만으로도 즐거웠다.

하지만 안타깝게도 나는 최종 목표인 아나운서가 되기 전까지는 꿈을 이룬 것이 아니라고 생각했다. 그러자 시간이 지날수록 꿈의 발판이라 생각했던 리포터라는 직업은 어느덧 아나운서와 비교했을 때 자격지심이 느껴지는 일로 바뀌어버렸다. 그토록 재미있던 일이 점차 고생스럽게만 느껴졌다. 같이 방송을 진행하는 아나운서들과 비교하며 점점 내가 하는 일이 하찮다고까지 생각하게 됐다.

리포터로 일한 지 2년이 지났을 때, 본격적으로 아나운서 준비를 하겠다고 일을 그만두고야 말았다. 그러나 호기로운 결정이었음에도 결과적으로 꿈에 그리던 아나운서가 되지는 못했다. 20년 넘게 평생 하나의 꿈을 좇아 한 우물만 파왔는데, 그제야 다른 우물을 찾으려니 도대체 어떤 직업을 가져야 하고, 내가 무엇을 잘할 수 있는지 도무지 생각나지 않았다. 마치 세상에서 쓸모없는 사람이 된 듯한 좌절감과 한 치 앞도 보이지 않는 막막함이 밀려왔다.

그때 후회했다. 당시에 내가 다른 우물에도 한눈을 팔았더라면 꿈에 가까워지지 않는 현실에 대해 불평불만만 하기보다, 현재를 즐기고 그러다 보면 오히려 더 좋은 기회가 오지 않았을까? 예를 들면 이런 것이다. 대학원을 다니며 다른 전문분야의 지식을 공부했다면 관련 방송 진행자로 영역을 넓혀갈 수도 있었을 것이고, 직업 특성상 다양한 분야의 사람들을 만나는 만큼 틈틈이 소회와 인상 깊은 이야기들을 따로 정리해 두었더라면 그를 엮은 책을 낼 수도 있었을 것이다. 직업과 별개로 그림을 배웠다면 여행을 다니며 눈앞에 펼쳐지는 멋진 풍경을 눈으로 감상하고 손으로 그리며 여행에 더욱 흠뻑 취해 볼 수도 있었을 것이고, 빵을 좋아해 맛집을 찾아다니며 느꼈던 것을 블로그에 정리했다면 그것이 더 많은 사람과 소통하는 기회가 됐을지 모른다.

한 우물만이 내 꿈 혹은 인생의 전부라고 생각하며 보냈던 지나간 시간이 지금 생각하면 매우 아쉽게 느껴진다. 여유를 갖고 다른 우물들에도 한눈을 팔았더라면, 더 많은 것을 느끼고 얻을 수 있었을 텐데 말이다.

그러나 당시 나에게는 이런 생각을 해볼 '여유'와 '유연함'이 없었다. 열심히 한 우물만 파서 꿈을 이뤄야만 행복할 수 있다고 끊임없이 나를 채찍질하는 통에 다른 우물을 파볼 겨를이 없었던 것이다. 그리고 어려서부터 학습해온 대로 성실하게 다른 곳에 한눈팔아서는 안 된다는 생각도 한몫했다.

　아마 대부분의 사람이 나처럼 꿈을 좇기 위한 자발적인 선택에 의해서든, 아니면 경제력, 안정을 최우선으로 한 선택에 의해서든 선택을 했다면 당연히 한눈팔지 않고 한 곳에만 집중해야 한다고 생각할 것이다. 한 우물만 판다는 것은 성실함의 척도이며, 한눈판다는 말은 성실하지 않다는 뜻으로 여겨지기 때문이다. 하지만 나는 죽어라고 한 우물만 파다가 한눈팔기를 통해 놀라운 변화를 경험한 사람으로서, 한눈팔기는 '일상의 즐거움'이자 '예상치 못한 기회', '자신을 들여다보는 방법', '잠재력을 발견하는 열쇠' 그리고 '지금 파고 있는 중심우물을 더 힘 있게 팔 수 있도록 돕는 원동력'이라고 말하고 싶다. 이는 나뿐만 아니라 많은 사람의 사례와 과학적인 이론이 뒷받침해준다. 이 책에서는 그 이야기들을 하나하나 소개할 것이다.

# 당신의 뇌 역시
# 한눈팔길 바라고 있다

이쯤에서 '한눈팔다'라는 말의 새로운 정의를 다시 내려보자.

한눈팔다

한 우물, 즉 중심우물 밖으로 관심을 돌리다. 한계를 두지 않고 본업 외에 하고 싶은 일들에 마음껏 관심 갖고 실행하다.

이제 '한눈팔다'에 대한 예시도 이렇게 바뀌어야 하지 않을까?

회사 일에만 집중하기보다 다양한 일에 <u>한눈팔기</u> 시작하자, 삶이 더 즐거워지는 것을 느꼈다.

그녀는 여러 일에 <u>한눈팔다</u> 보니, 오히려 회사 일에 더욱 능률이 오르는 것을 느꼈다.

그는 한눈판 결과, 대기업의 높은 연봉을 받을 때보다 훨씬 큰 보람과 만족감을 느끼며 일할 수 있는 제2의 일을 시작했다.

동생은 한눈팔지 않고 살아온 삶을 후회했다.


인간의 뇌를 이해한다면, 위의 예시처럼 다양한 우물에 한눈파는 것이 한 곳에만 집중하는 것보다 훨씬 긍정적인 변화로 이어진다는 사실을 보다 설득력 있게 받아들일 수 있다. 결론부터 말하면 한눈을 팔면 우리 인생을 보다 긍정적으로 변화시킬 수 있다. 우리의 뇌 역시 한 곳에만 집중하기보다 다양한 곳에 한눈팔길 바라고 있기 때문이다.

인간의 뇌에는 약 1,000억 개의 뉴런신경세포이 있는데 이 뉴런은 '시냅스'라는 연결부위를 통해 다른 뉴런과 연결된다. 이렇게 뉴런과 뉴런을 연결하고 있는 시냅스는 약 100조 개의 간선으로 이어져 인간의 뇌 신경망을 구성하고 있다. 그래서 각각의 뉴런은 따로따로 기능하는 것이 아니라 아름다운 하모니를 이루는 오케스트라처럼 시냅스를 통해 서로 소통하고, 조화를 이룬다. 그런 면에서 인간의 뇌는 참 위대하다.

인간의 뇌는 평생 다양한 뉴런과 네트워크가 치열하게 경쟁하는 생태계에 가깝다. 우리 몸에서도 자주 사용하는 근육이 더욱 단단해지고, 사용이 적은 근육은 약해지는 것처럼, 어떤 경험과 생각, 행동을 반복하느냐에 따라 시냅스가 새롭게 생겨나고 반대로 사라지기도 한다. 한때 인간의 뇌는 일정 시기가 지나면 더는 새로운 시냅스가 만들어지지 않고, 어느 시기까지 만들어진 것을 죽을 때까지 활용하며 살아간다고 믿었지만, 뇌는 평생 새롭게 시냅스를 구축, 보완한다는 것이 밝혀졌다.

마이클 번스타인이란 남자는 쉰 네 살의 나이에 심각한 뇌졸중으로 오른쪽 뇌 절반에 손상을 입었다. 그 결과 왼쪽 몸에 마비가 와서 왼손과 왼발을 자유롭게 쓸 수가 없었다. 그러던 중 그는 미국 앨라배마대학의 실험치료 프로그램에 참여하게 되면서 일주일에 6일씩 하루 최대 8시간 동안 왼손과 왼발을 사용하는 운동요법을 시작했다. 글씨를 쓰고, 물건을 집고, 유리창을 닦는 등의 간단한 움직임을 반복적으로 실행했다. 일반인들에게는 그리 어렵지 않은 쉬운 일이었지만, 오른쪽 뇌의 절반 이상이 손상된 그에게는 뼈를 깎는 것과 같은 고통이 뒤따랐다.

그런데 실험치료가 진행되고 몇 주가 지났을 때 나타난 결과는 놀라웠다. 번스타인이 지팡이를 사용하지 않아도 되는 일상을 회복한 것이다. 놀랍게도 손상됐던 우뇌에서 왼손과 왼발을 사용할 수 있도록 하는 새로운 시냅스가 생성된 덕분이다.

경험, 생각 등의 인지 활동이 뇌를 변화시킨다는 것을 보여주는 또 다른 사례가 있다. 세 개의 공을 손으로 잡아 돌리는 저글링을 할 줄 모르던 사람을 대상으로, 3개월 동안 매일 저글링 연습을 하도록 시켰다. 3개월이 지난 뒤 뇌 MRI 사진을 찍어 3개월 전과 비교하여 보았는데, 양손과 뇌의 조화기능이 향상되었음은 물론이고 신경 줄기가 모여 있는 뇌피질이 두꺼워졌다. 경험이 뇌의 구조를 바꾼 것이다.

그 후, 3개월 동안 저글링 연습을 하지 못하게 하고 3개월 후 다시 MRI 검사를 시행하였더니, 뇌는 처음 저글링 훈련을 하기 전과 비슷한 상태로 돌아왔다. 독일 함부르크 신경과학 연구진이 60세 이상을 대상으로 같은 실험을 진행하였더니, 역시 결과는 마찬가지였다. 이처럼 우리가 새로운 경험을 할 때 우리의 뇌는 새로운 시냅스를 형성하기 위해 힘을 쏟는다. 즉 뇌 회로는 우리의 경험에 의해 형성된다고 해도 과언이 아니다. 이를 뇌 신경가소성이라고 하는데, 뇌의 신경세포 간 연결이 경험, 학습과 같은 외부의 자극으로 인해 변화하고 재조직되는 현상이다.

뇌의 이러한 특성을 이해하고, 다시 한 번 한눈팔기에 대해 생각해보자. 한눈팔기는 뇌에 다양한 자극을 주는 경험이다. 바이올린, 기타를 배우는 사람은 그렇지 않은 사람과 비교할 때 왼손 손가락을 담당하는 뇌의 해당 부위가 더 발달한다. 마라톤을 즐기는 사람은 전두엽과 측두엽이 커진다. 여행, 그림 그리기 등 한 우물에서 벗어나 새롭게 경험하는 낯선 활동들은 모두 뇌를 변화시킨다.

반면, 계속해서 한 가지 일에만 집중하다 보면, 우리 뇌에서는 이미 생성된 신경세포 간의 연결을 계속 유지시킨다. 뉴런들 간의 새로운 네트워크가 형성되긴 어렵다. 뇌는 우리의 다양한 경험을 통해 무궁무진하게 발전할 가능성을 가지고 있는데, 굳이 한 우물만 파느라 수많은 가능성을 발현하지 못한다면 너무 아깝지 않은가?

'꼭 한 번 해보고 싶은데…' 하고 마음속에만 고이 담아두었던 일들을 하루에 1시간, 아니 딱 30분이라도 실행한다는 마음으로 실천해보자. 그 경험이 뇌를 바꾸고, 뇌가 바뀌면 인생이 달라진다.

사람들이 흔히 하는 착각이 있다. 어떠한 목적을 달성하기 위해 다른 곳에 한눈팔지 않다 보면, 그 에너지를 오롯이 한 가지 목표에만 집중하게 되어 좋은 성과로 이어질 것으로 생각한다. 하지만 실상은 그렇지 않다. 오히려 쉽게 지치고, 일이 잘 풀리지 않으면 금세 짜증을 내거나, 일이 재미없고 만족스럽지 않다며 불평불만 하는 데 많은 시간을 허비한다. 그리고 한 가지 일에 집중하느라 지금 당장 하고 싶은 일을 숨기고 미뤄두는 것에 익숙해지면, 본인이 무엇을 원하는지 내면의 목소리를 듣는 데 둔감해지고 나중에는 자신이 어떤 사람인지에 대한 정체성까지 잃어버리게 된다.

지금 노트를 펴고 낙서하듯 적어보자. '지금 내 삶은 만족스러운가?', '그렇지 않다면 그 이유는 무엇인가?', '무엇이 충족되어야 내 삶이 만족스러워질까?' 그리고 '지금 나는 무엇을 하고 싶은가?'에 대한 답을 하나하나 적어보는 것이다. 한 번만 하고 말 것이 아니라 생각날 때마다 수시로 적어봐야 한다.

위 질문들에 대한 답을 적어보는 것은 각자의 마음의 소리를 듣는 과정이다. 가장 중요한 것은 '지금 나는 무엇을 하고 싶은가?'이다. 이때 헷갈리지 말아야 할 것은 '나는 무엇을 해야 할까?'와 잘 구분해야 한다는 점이다. 의무감, 책임감, 고민, 주변의 시선 따위는 모두 신경 쓰지 말고 오롯이 '나'에게만 집중하여 답을 적어나가야 한다.

'지금 나는 무엇을 하고 싶은가?'에 대해 스스로 적은 답이 앞으로 살면서 당신이 한눈팔아야 할 대상들이다. 이렇게 마음의 소리를 들은 대로 한눈을 팔다 보면 '지금 내 삶은 만족스러운가?', '그렇지 않다면 그 이유는 무엇인가?', '무엇이 충족되어야 내 삶이 만족스러워질까?'에 대한 답이 하나둘 떠오르는 긍정적인 변화를 경험하게 된다.

상대성이론을 발표한 인류 역사상 최고의 물리학자로 평가받는 아인슈타인Albert Einstein이 과학에만 몰두해 위대한 업적을 남겼을 거로 생각하기 쉽지만 실제로는 그렇지 않다. 그는 퍼즐과 편지쓰기, 바이올린, 요트타기 등 다양한 것들에 한눈을 팔며 살았다.

특히 요트와 바이올린에 대한 애정이 남달랐는데, 오죽하면 상대성이론이 아인슈타인이 요트에서 늦잠을 자며 뒤척이던 중 떠올랐다는 얘기가 전해질 정도다. 또한, 아인슈타인은 자신이 여섯 살 때 어머니 손에 이끌려 배우기 시작한 바이올린 덕분에 음악에 심취하게 되었고, 그가 어려운 문제에 직면할 때마다 음악 덕분에 버틸 수 있었다고 직접 고백한 바 있다. 게다가 물리학에 대한 새로운 발견은 직감에서 비롯됐고, 음악이 그 직감을 불러일으킨 원동력이라고 밝히기도 했다.

제2차세계대전 당시 히틀러에 맞서 영국을 승리로 이끈 영웅 윈스턴 처칠Winston Leonard Spencer Churchill 전 영국 총리. 그는 좌중을 압도하는 명연설가이자, 정치인, 군인으로서의 면모를 보여준 시대의 영웅이면서도 제2차세계대전에 대한 회고록을 써서 노벨문학상까지 받는 놀라운 면모를 보여주기도 한 인물이다. 그렇지만 더욱 의외의 모습은 그가 바로 그림 그리기에 한눈팔았다는 사실이다. 아마추어 화가로 인정받을 정도로 그림 그리기에 심취해있었던 그는 특히 풍경화에 뛰어난 실력을 보였다고 한다.

처칠은 말년에 "하늘나라에 가서 나의 첫 번째 백만 년은 그림 그리는 데 다 써버리고 싶다"라고 말할 정도로 그림에 심취해있었다.

그는 에세이 『취미로 그림 그리기Painting as a Pastime』에서 "그림을 그리는 것은 매우 즐거운 일이다. 물감들은 보기만 해도 사랑스럽고, 그것들을 짜내는 것도 즐겁다. 물감들과 풍경들을 서로 어우러지게 화폭에 담는 것은 매혹적이고 강한 몰입을 하도록 만든다. 아직 해보지 않은 사람들은 죽기 전에 꼭 해보라"고 권하는 등 그림 그리기에 대한 열정과 애정이 대단했음을 알 수 있다.

이제 한눈팔기를 시도하는 데 있어서 가질법한 부담감이 조금이나마 덜어졌는가? 한눈파는 대상이 한눈팔 만한 가치가 있는지 없는지 미리부터 이리저리 잴 필요 없다. 일단 마음이 시키는 대로 본업 외에 하고 싶은 일에 마음껏 관심 갖고 행동으로 옮겨 보자.

# 현시대가 한눈팔기에
# 주목하기 시작했다

하나의 분야에 많은 노력을 기울여 심도 있는 지식과 경험을 가진 전문가도 필요하다. 오랫동안 한 우물만 판 분들도 충분히 존경할 만하다. 그런데 이제는 그에 못지않게 자신의 영역 외 다른 분야에도 폭넓은 지식과 경험을 보유한 인재들이 주목을 받고 있다. 이는 시대의 흐름과도 연관이 있다.

우리나라는 한국전쟁 이후 패스트 팔로어Fast follower 전략으로 남들은 300년 이상 걸린다는 산업사회, 근대화를 불과 40여 년 만에 이뤄내며 짧은 기간 압축 성장을 했다. 최빈국에서 세계 정상급 경제국가로의 눈부신 성장은 '한강의 기적'이라 불리며 전 세계 국가들의 주목을 받았다. "하면 된다", "불가능은 없다" 등으로 대변되는 강한 의지와 근면성실, 자기희생이 미덕으로 여겨졌기에 당연히 휴식과 여가는 사치였다. 밤낮없이 일하느라 다른 일이나 취미에 눈을 돌리기는커녕, 밤하늘에 뜬 별과 선선하게 부는 바람을 즐길 여유조차 없는 생활을 당연하게 여겼다.

하지만 이제 선진국 진입을 목전에 둔 지금 패스트 팔로어 방식으로 더는 성장이 불가능하다. 전 세계 경제전문가들도 한국이 이제는 신산업, 신제품 발굴 등 한발 앞서가는 '퍼스트 무버First mover'로서의 전략을 펼쳐야 더 큰 성장이 가능하다고 입을 모으고 있다. 그런데 문제는 아직 우리나라는 퍼스트 무버 전략에 필요한 리더로서의 역량이 부족하다는 것이다.

아주 오랜 기간 우리나라는 패스트 팔로어라는 간판을 자랑스럽게 내걸고 이를 우리의 뿌리 깊은 정체성으로 받아들였다. 성공한 팔로어Follower로서의 기쁨에 도취돼, 퍼스트First로의 도약을 앞두고도 여전히 팔로어로서의 미덕을 버리지 못하고 있는 듯하다. 근면성실, 자기 희생, 강한 의지만으로는 퍼스트 무버 전략의 핵심인 '창의', '창조', '혁신'을 불러일으키기에 한참 모자란다. 결국, 우리나라의 역사적인 성공의 기억이 우리를 옭아매고 있는 것이다.

이제까지 패스트 팔로어 시대의 패러다임은 정답을 빨리 찾아내는 것이었다. 하지만 퍼스트 무버 시대에는 한발 더 나아가 문제를 제기하는 능력을 갖춰야만 한다. 『퍼스트 무버First mover』의 저자 피터 언더우드Peter Alexander Underwood는 머니투데이와의 인터뷰에서 "기업들이 퍼스트 무버로 거듭나기 위해선 서로 다른 경험과 배경을 가진 다양한 인재를 발굴하고 육성해 다양성을 장려해야 한다"며 "인재들이 창의성과 다양성을 바탕으로 회사에 기여할 수 있도록 북돋아주는 것이 퍼스트 무버 기업으로 나아가기 위한 지름길"이라고 강조했다.

피터 언더우드가 상조한 '서로 다른 경험과 배경을 가진 다양한 인재'는 한 우물만 파서는 얻기 힘든 다양한 경험과 생각에서 나온다. 그들이 각자의 다양한 지식과 경험을 활용할 때 보다 현실성 있는, 좀 더 차별화된 문제 해결 능력을 갖추게 될 것이다. 한 우물만 파며 한강의 기적을 이뤄내던 과거와 달리, 이제 한눈팔기를 통해 다양한 경험과 생각의 기회를 가져야 할 때다.

'끓는 물속에 개구리boiling frog' 이야기를 들어본 적이 있는가? 차가운 물이 들어있는 냄비에 개구리를 넣고 끓이면, 개구리는 물의 온도가 서서히 높아지고 있다는 사실을 알아채지 못하고 물이 펄펄 끓을 때까지 느긋하게 있다가 결국 죽게 된다는 이야기다.

끓는 물속에 개구리는 냄비 속의 익숙함과 편안함에 도취돼, 서서히 자신을 위협해오고 있는 위험을 알아채지 못했다. 단순히 개구리의 어리석음을 비웃고 넘어갈 일이 아니다. 우리 역시 계속 한 우물만 파다가는 내 우물이 서서히 끓고 있는 냄비인 줄도 모르고 있다가 뒤늦게 후회하는 끓는 물속에 개구리 신세가 될 수도 있기 때문이다.

내 우물 밖에는 어떤 다른 우물들이 있나 한눈도 팔아보고, 내 우물과 다른 우물을 비교, 평가도 한번 해봐야 한다. 그래야 좁은 시야를 가진 우물 안 개구리에서 벗어나, 여러 우물을 자유자재로 드나들며 쌓은 다양한 경험을 융합, 조합, 변형하여 신선한 아이디어를 내는 '생존력 높은 개구리'로 거듭날 수 있다.

다양한 우물에서의 경험을 융합하는 것. 이는 곧 몇 년 전부터 화두가 된 통섭統攝과 맥을 같이 한다. 몇 년 전부터 통섭이라는 단어가 화두가 되며, 통섭형 인재, 통섭경영, 통섭조직 등의 말이 자주 쓰이기 시작했다. 통섭을 사전에서 찾아보면, '학제 간 접근을 넘어선 초학문적 혹은 범학문적 접근을 지향하며, 서로 이질적인 것들이 섞여 새로운 지식을 창출해 내는 다이내믹한 과정'이라고 나와 있다.

최재천 이화여대 석좌교수가 2005년 그의 스승인 하버드 대학의 진화생물학자 윌슨Edward O. Wilson의 저서를 번역하면서, 학문 간의 자유로운 넘나듦의 의미인 'Consilience'라는 개념을 '통섭統攝'으로 번역했다. 한국사회에 처음으로 통섭이란 화두를 던진 최재천 교수는 자연과 함께하는 삶을 즐기는 동물생태학자, 생물학적 지식을 활용해 사회학적 현상을 탐구하는 사회생물학자이자 인문학과 과학을 넘나드는 철학자로서의 면모를 보여준다. 그가 주창하는 통섭의 삶을 몸소 보여주고 있는 분이다.

그런 그가 최근 교장 선생님이 됐다. '문송합니다문과라서 죄송합니다'라는 신조어까지 생길 정도로 취업이 어렵다는 인문학 계열 취업준비생들의 사회진출을 돕기 위한 멘토들의 강의가 열리는 '무동학교'의 학교장이 된 것이다. 인문학을 전공하고 자기 우물 밖 세상에는 자칫 소홀했을지 모를 학생들을 위해 정보통신기술, 생명과학, 국제관계, 경제경영, 글쓰기 등 다양한 분야의 강의를 기획했다. 무동학교 입학식에서 최 교수는 자신은 이공계를 전공했지만 인문학에 관심이 있어 계속 기웃거렸다는 경험담을 털어놓으며 "이제는 사회가 변해 어느 새부턴가 한 우물을 파기보다는 '월담'을 해야 하는 시대가 됐다"며, "평생 실천해오던 일에 부합하는 무동학교에 동참해보기로 했다"고 밝혔다. 그 역시 지금은 옛날과 다르게 한 길만 걸으면 오히려 불리하다는 것을 강조하고 있다.

덧붙여 자신이 좋아하는 일을 놓치지 않고 사는 인생은 그렇지 않은 삶보다 더 신난다는 것을 그는 몸소 보여주고 있다. 이미 여러 분야의 전문가로 인정받는 그는 작년부터 새로 돌고래 연구를 시작해, 탐험대장이 되어 아마존의 새로운 탐험지역을 누비며 신나는 삶을 살고 있다고 고백했다. 그러면서 그는 자신이 의사와 같이 안정적인 직업을 갖고 있는 친구들보다 훨씬 더 재미있고 신나는 일을 하며 살고 있다고 자신했다.

우리는 한눈팔면 안 된다고 배웠고 한 우물에 집중할 것을 강요 받고 있지만, 어느덧 현시대는 한눈팔길 권하는 사회로 변해가고 있고 이러한 사례들에 주목하고 있다. 과학과 인문학이, 동·서양이 만나기도 하고, IT와 디자인이 결합해 기존에는 상상할 수 없었던 창조적 힘이 발휘되고 있다.

레오나르도 다빈치Leonardo da Vinci 역시 여러 우물을 판 경험을 바탕으로 창조적 힘을 발휘한 통섭의 대표적 인물이다. 레오나르도 다빈치를 이야기하면서 대부분의 사람이 〈모나리자〉, 〈최후의 만찬〉과 같은 작품만 대표적으로 거론하지만, 이는 그에 대한 극히 일부의 모습이라 할 수 있다. 레오나르도 다빈치는 세계 최고의 미술가로서뿐만 아니라 건축기술자, 해부학자, 식물학자, 수학자, 동물학자, 음악가로서 광범위하고 다양한 분야에서 상당한 업적을 남긴 천재로 손꼽힌다. 다빈치의 다방면에 걸친 창작과 아이디어는 다양한 분야를 자유자재로 넘나든 한눈팔기와 통섭적 사고에서 비롯되었다고 볼 수 있다. 그는 20대 초반까지 공방에 다니며 미술과 공작기술을 배운 것 말고는 제대로 학교에 다닌 적이 없다고 하는데, 그의 강렬한 탐구욕은 각 분야 간 경계를 허물며 어떠한 고정관념의 제약도 받지 않는 무한한 창조력으로 발현되었다.

한편, 현대 IT계의 혁신을 가져온 인물인 스티브 잡스Steve Jobs는 대학에서 철학을 전공했다. 그는 "소크라테스와 점심을 함께할 수 있다면 애플의 모든 기술을 그것과 바꾸겠다"고 말할 정도로 철학에 심취해 있었다. 전 세계를 대표하는 IT기업 대표가 IT분야가 아닌 철학 전공자였다는 것도 놀라운데, 그는 자신의 인생의 전환점은 타이포그라피서체 수업을 들은 것이었다며 타이포그라피를 접한 것이 애플의 창업과 기업 철학을 확립하는 데 큰 도움이 되었다고 회고한 적이 있다.

"당시 리드 칼리지는 미국 최고의 서체 교육을 제공했던 것 같습니다. 학교 곳곳에 붙어있는 포스터와 서랍에 붙어있는 상표들. 손으로 아름답게 그린 서체예술이었습니다. 정규과목을 들을 필요가 없었기 때문에 서체 수업을 들었습니다. 그때 저는 세리프와 산세리프체를, 다른 글씨의 조합 간의 여백과 다양함 등 무엇이 위대한 글자체의 요소인지에 대해 배웠습니다. 그것은 과학적인 방식으로는 도저히 표현해낼 수 없는 아름답고, 유서 깊고, 예술적으로 미묘한 것이어서 매료되고야 말았습니다. 당시에는 이중 어느 하나도 제 인생에 실질적인 도움이 될 것 같지는 않았습니다. 그러나 10년 후 우리가 첫 번째 매킨토시를 구상할 때 그것은 고스란히 빛을 발했습니다. 우리가 설계한 매킨토시에 그 기능을 모두 집어넣었으니까요. 그것은 아름다운 서체를 가진 최초의 컴퓨터였습니다."

– 스티브 잡스의 스탠포드 대학 졸업 축사 中

스티브 잡스는 첫 번째 매킨토시를 구상할 때 서체를 적용할 수 있는 기능을 집어넣어 아름다운 서체를 가진 최초의 컴퓨터를 만들어냈을 뿐만 아니라, 독자적인 브랜드이미지를 구축하는 등 애플에 창조적인 에너지를 불어넣는 데 큰 역할을 했다. 스티브 잡스가 타이포그라피에 한눈판 경험은 애플이 세계 IT 시장을 지배하는 거대 기업으로 성장하는 데 한몫을 했다.

더는 한 우물을 파는 데 열중하느라, 하고 싶은 일을 마음속 깊이 꼭꼭 숨겨두고 있지 말자. 어떤 우물들이 서로 만나 통섭의 과정을 거치고, 혁신을 일으킬지 아무도 모른다. 발전 가능성을 최대한 열어놓기 위해서는 일단 여러 우물을 파놓아야 한다.

나 역시 한때 무엇을 해야 할지 몰라 방황하는 시간을 거친 후, 지금은 오히려 하고 싶은 일이 너무 많아 열심히 이것저것에 한눈파는 삶을 살게 됐다. 회사에 다니며 여러 글쓰기 강좌를 수강하면서 글쓰는 시간을 가졌고, 그 덕분에 다른 사람에게 글쓰기를 가르쳐보고 싶은 마음도 생겼다. 또한, 광고, 오디오북, 홍보영상 내레이션 원고를 가지고 혼자 읽으며 연습하기 시작해 어느덧 성우 오디션을 보기 시작했고, 몇몇 곳에서 일을 의뢰받아 회사에서 퇴근하고 난 후 일하기도 했다.

잠깐 기자가 되기 위해 입사 시험 준비를 했던 시간조차 낭비가 아니었다. 비록 기자가 되진 않았지만, 기자 시험 준비를 위해 논술

스터디를 꾸려 사람들과 함께 글을 쓰며 서로의 글을 품평했던 시간이 훗날 스피치라이터로서 기관장의 기자회견문, 입장문, 보도자료 등을 쓰는 일에 도움이 되었고, 바로 지금 이 글을 쓰고 있는 순간까지도 도움이 되고 있으니 말이다.

때로는 퇴근 후에 1,000피스짜리 퍼즐을 맞추고 나노 블록을 조립하며 시간을 보내기도 했고, 만화책부터 에세이까지 여러 와인 관련 책들을 읽으며 평소 갖고 있던 와인에 대한 궁금증을 해소하기도 했다. 한 달에 한 번은 여행을 했고, 직접 독서모임을 꾸려 운영하기도 했다.

한눈팔아온 어떤 일들도 쓸모없는 일은 없었다. 다만 얼마나 지속하였는가, 한눈판 경험을 통해 어떤 의미를 찾고 어떻게 발전시켜나갔는가에 따라 만족감에 차이가 있을 뿐이었다.

물론 한눈을 판다고 해서 사회적 성공, 인생의 성공을 보장한다고 말할 순 없다. 하지만 현명하게 한눈파는 법을 익히고 실천해 나간다면, 생각지 못했던 변화가 생기고 뜻하지 않았던 기회가 찾아오는 것을 확인할 수 있다. 그러다 보면 자연스레 적어도 자신의 인생을 만족스럽게 경영해나가는 법을 배울 수 있게 된다. 이것이 우리가 다양한 우물을 파야 하는 이유이다.

# 한눈팔기와 시간 낭비는 다르다

한눈팔 대상은 여행, 음악, 그림 등 취미가 될 수도 있고, 운동, 독서, 자격증 취득 등 자기계발 분야도 있겠고, 지금 종사하고 있는 일과 전혀 다른 새로운 분야의 일이 될 수도 있다. 나노 블록, 프라모델 조립, 컬러링북, 퍼즐 맞추기 등과 같이 얼핏 별것 아니라고 생각되는, 비생산적으로 보이는 일들에도 얼마든지 한눈팔아도 좋다. 이렇게 얘기하면, 한눈팔라고 해놓고 기껏 그런 사소한 것들에 바쁜 시간을 낭비하라는 말이냐며 실망하는 사람들도 있을지 모르겠다. 하지만 직접 실행해보면 놀라운 경험을 하게 될 것이다.

'고작' 그 사소한 것이 삶을 바꿀 수 있다. 한눈파는 데 있어서 꼭 직업과 연관되어야 한다든가, 남들에게 자랑스레 내보일 수 있는 결과물이 있어야 한다든가, 자기계발에 도움이 되어야 한다는 제약은 전혀 없다. 이러한 제약은 누구도 아닌 바로 나 자신의 마음속에 있는 것이다.

최근 남녀노소를 막론하고 '나노 블록'을 조립하는 것이 인기다. 나노 블록은 블록을 쌓아 만드는 브릭Brick완구 중의 하나로, 대표적인 브릭완구 상품은 우리가 잘 알고 있는 '레고LEGO'다. 나노 블록은 레고와 비슷하지만 '나노nano'라는 이름처럼 8mm 이내로 크기가 작은 것이 특징이다. 컬러링북과 마찬가지로 '안티 스트레스Anti-stress' 취미로 각광받고 있다. 30분 정도의 짧은 조립시간을 투자하면 근사한 완성품이 완성되는데, 손끝에 집중해 작은 블록들을 조립하고 나면 느껴지는 묘한 쾌감과 성취감에 빠져들어 나노 블록을 하나 둘씩 사 모으는 사람들이 많아지고 있다.

회사원 J 씨 역시 나노 블록을 만드는 재미에 푹 빠져 집안 벽면 한쪽에 완성한 블록들을 옹기종기 모아두었다. 완성품들을 보고만 있어도 기분 좋고 흐뭇하다고 얘기하는 그녀는 한편으로는 반대로 불편한 마음을 떨쳐낼 수 없다고 털어놨다. 작은 블록에 집중할 때면 스트레스도 풀리고 재미있긴 한데, 괜히 아무것도 아닌 일에 소중한 시간을 죽이고 있는 건 아닌가 하는 불안감과 자책감이 들 때가 있다고 말했다. "그렇다면 그 시간에 무엇을 해야 할 것 같은데?"하고 물으니, 회사에서 풀리지 않던 일을 고민하거나, 영어공부나 독서, 신문읽기와 같이 일 또는 자기계발에 도움이 되는 것을 해야 하지 않을까 싶다고 답했다.

비단 J 씨만이 갖는 고민은 아닐 것이다. 대부분의 사람이 그저 하고 싶은 일에 한눈파는 30분에서 1시간 남짓 되는 시간마저도, '이 일을 하는 것이 나에게 어떤 도움이 될까?', '괜한 시간 낭비하지 말고 보다 생산적인 일을 해야 하는 것 아닌가?' 불안해한다. 아무래도 '시간이 돈이다'라는 가르침에 따라 시간을 허투루 쓰면 안 된다고 귀에 딱지가 앉도록 들은 영향도 한몫할 듯하다. 그러나 그 덕에 안타깝게도 우리는 재미를 위해, 마음이 원하는 것을 하기 위해 갖는 아주 짧은 시간도 낭비로 여기는 삶을 살게 되었다.

이 시대를 살아가는 우리들에게는 반드시 일, 자기계발 외에 재미, 여유를 즐기는 시간이 필요하다. 그저 회사를 오가는 것만으로도 하루가 다르게 어깨는 축 처지고 멘탈은 약해져만 가는데, 퇴근 후까지 또 무엇을 위해서 심각하게 머리를 싸매고 집중하려 하는가? 욕심이 과하면 금세 지쳐 나가떨어지고 만다.


취업포털 사이트 잡코리아의 조사 결과2016.04.에 따르면, 우리나라 직장인 10명 중 8명은 한 가지 일에 몰두함으로 인해 신체적, 정신적 피로감이 쌓여 무기력증, 자기혐오, 직무 거부 등을 경험하는 '번아웃 증후군'을 경험한 적이 있는 것으로 나타났다.

번아웃Burnout은 '에너지를 소진하다'라는 뜻으로, 어떤 일에 지나치게 집중해 불타버린 연료와 같은 상태가 되는 것을 말한다. 의학적으로는 스트레스에 대항해 신체를 방어하는 호르몬인 코르티솔 호르몬이 고갈되어 나타나는 현상으로, 번아웃 증후군에 빠지면 피로 증세는 물론이고 심장질환, 비만, 당뇨, 고혈압 등의 증상 발생 가능성이 커진다. 게다가 스트레스로 인해 뇌의 전두엽피질 기능이 떨어져 기억력과 사고력에 문제가 생길 수 있다.

번아웃 증후군은 목표와 기대치가 높아 한 가지 일에 모든 에너지를 쏟거나 완벽주의가 있는 사람, 적극적인 사람에게서 주로 나타나는데, 이러한 사람들일수록 과도한 책임감 때문에 한 가지 일에만 매달리기 십상이기 때문이다. 그러나 문제는 한 가지 목표를 위해 열심히 달리지만 성과가 눈에 보이기도 전에 이미 에너지를 소진해 지쳐버릴 수 있다는 데 있다.

아침에 일어나면 한숨부터 나오고, 과 노동으로 인해 식어버린 열정만큼 일에 대한 보람도 끝없이 낮아져 퇴근길에는 보람과 성취감 대신 무기력감을 느끼는 삶을 살고 있다면 당신도 번아웃 증후군이 아닌지 의심해봐야 한다. 번아웃 상태는 '좀 쉬고 싶다'라는 마음에서 보내는 소리에 귀 기울이지 못하고 자신을 계속 채찍질하는 데서 비롯된다. 숨통을 조이고 있는 답답함을 풀 사람은 나 자신밖에 없다. '고생 많았어. 지친 것 같으니 이제 좀 쉬자'고 나를 달래는 것을 시작으로 번아웃 증후군에서 서서히 벗어날 수 있다.

또한 전문가들은 번아웃 증후군을 예방하기 위해서는 평소 '업무와 관련 없는 활동'을 함으로써 심리적 공백, 불안을 해소해야 한다고 조언한다. 수험생은 공부, 축구감독은 축구, 음악가는 음악 등 한 가지 활동에만 관심과 노력을 쏟는 것보다, 다양한 취미, 여러 사람을 만나는 등의 활동을 통해서 다양한 가치를 추구하는 것이 우리의 몸과 마음의 에너지를 소진하지 않는 방법이란 것이다.

세계적인 그래픽 디자이너로 이름을 날린 스테판 사그마이스터 Stefan Sagmeister는 음악과 디자인을 매우 좋아해서 두 가지 일을 겸하는 스튜디오의 문을 열었다. 그런데 좋아하는 일을 하면 늘 에너지가 넘치고 즐거울 것이라는 우리의 기대와는 달리, 그는 금세 일에 익숙해졌고 인생에서 가장 좋아하는 일을 한다는 즐거움은 점차 사라져 어느덧 일이 지루해지기 시작했다. 게다가 창의성을 기반으로 한 작업의 결과물들이 언제부턴가 서로 비슷비슷해짐을 느꼈다. 그래서 그는 1년간 스튜디오를 닫기로 했다. 그 1년 동안은 일에서 벗어나 마음껏 하고 싶은 것들을 했고, 그 후 7년마다 한 번씩 1년간 스튜디오 문을 닫고 휴가를 즐겼다.

신기하게도 휴식의 시간은 그에게 많은 것을 가져다주었다. 잊고 있었던 일에 대한 즐거움을 다시 얻었음은 물론이고, 본업인 디자인과 다시 가까워지는 계기를 만들어줬다. 또한, 휴식 후 보다 높은 품질의 작업물이 나와 재정적으로도 큰 수익을 올릴 수 있었다. 그리고 가장 중요한 것은 7년 동안의 작업 아이디어가 바로 1년의 휴가 동안 한 생각에서 비롯되었다는 것이다.

도대체 1년의 시간 동안 무슨 일이 있었던 걸까? 그렇다고 그가 1년의 휴가 동안 뭔가 대단히 특별한 일을 한 것도 아니었다. 특별할 것 같은 휴식의 시간은 지나치게 평범했다. 이야기 쓰기, 기타, 그림 그리기 등 평소 관심 있었던 것들을 목록으로 정리해 하나씩 해나갔을 뿐이다. 군이 꼽자면 두 번째 휴가를 익숙한 유럽과 미국이 아니라 낯선 땅 발리에서 보낸 것. 익숙함을 버리고 낯선 환경에서 살아본 것이 특이점이라 하겠다. 이곳에서도 그는 그저 일상을 즐겼을 뿐이다.

한편 과학적 원리를 요리에 접목한 분자요리의 전도사 페란 아드리아Ferran Adria의 이야기도 꽤 흥미롭다. 역사상 가장 창조적인 요리사로 손꼽히기도 하는 그는 고체 수프, 연어 질감이 나는 수박, 거품으로 만든 요리 등 일반인들은 상상하기조차 어려운 새로운 요리를 개발했다. 40여 가지 요리로 구성된 코스 메뉴의 가격이 우리나라 돈으로 약 38만 원에 달함에도 불구하고 연간 200만 명의 예약자가 대기하고 있었고 그중 추첨을 통해 기회를 얻은 8,000명 정도만이 음식 맛을 볼 수 있었다고 한다. 음식을 먹어본 사람들은 한결같이 음식이 아닌 예술을 맛보았다는 극찬을 아끼지 않았다.

그런데 더욱 놀라운 것은 이 식당은 1년 중 절반에 가까운 무려 5개월의 기간 동안 문을 닫는다는 것이다. 그 기간 동안 아드리아는 세계 각국을 여행하며 휴식의 시간을 가졌다. 10년 넘도록 그의 식당이 세계 최상급 수준의 창의적 요리를 선보인 비법이 이 5개월의 시간에 있다고 해도 과언이 아니다. 안타깝게도 2011년 그는 "낭만이 없으면 창조도 없다"라는 말을 남기고 돌연 식당 문을 닫아 지금 그의 요리를 맛볼 수는 없지만, 세계 몇몇 미술관에서 요리에 대한 그의 창의성에 기반을 둔 다양한 테마의 전시를 진행하는 등 문화계에까지 영감을 주고 있다고 한다.

일반적으로 우리가 쓸모없는 시간, 또는 시간 낭비라고 생각했던 휴식, 여가를 즐기는 시간이 사실은 지치지 않는 열정과 즐거움, 창의성을 북돋는 마중물 역할을 했다는 것을 확인하니 놀랍지 않은가?

단, 주의할 점이 있다. 본인도 스스로가 무엇을 하고 싶은지 모르고 아직 무엇에 한눈팔아야 할지 모르는, 즉 한눈팔 준비가 되어있지 않은 상황에서는 자칫 TV나 게임에 심취하는 시간을 나를 위한 정신적 여유와 쉼을 위한 시간이라고 착각할 수 있다. TV나 게임에 빠지는 것을 경계해야 한다.

흔히 TV를 바보상자라고 하는데, TV를 너무 많이 보는 아이들을 다그치기 위해 지어낸 말이 아니라 과학적으로도 맞는 말이다. TV 보는 사람의 뇌를 MRI로 찍어보면 혈액량이 현저히 줄고 뇌의 활동도 거의 없다. 마치 피곤해서 눈을 감고 있는 사람의 뇌와 비슷한 상태인 것이다. 이는 TV 시청이 뇌에 아무런 자극을 주지 않는다는 것을 보여준다. 꼭 필요한 프로그램이 아니라면, 시시각각 틀면 나오는 홈쇼핑 채널, 피식피식 웃고 나면 남는 게 없는 오락프로그램을 보며 시간을 보내는 것은 진짜 시간 낭비일 뿐이다. 특히 퇴근 후 밤 시간대에 TV를 시청하면 TV에서 나오는 '블루라이트'가 멜라토닌이란 수면 조절 호르몬의 생성을 억제해 숙면을 방해하니, TV 대신 즐길거리를 찾아 즐기는 것은 선택이 아닌 필수다.

또한, TV만큼이나 게임도 경계해야 할 대상이다. 잠깐잠깐 즐기는 것을 넘어 게임에 중독되면, 게임을 하지 않는 평상시에도 뇌가 비정상적으로 활동한다. 판단력과 충동조절을 담당하는 전두엽이 제 기능을 하지 못하고, 신경전달물질인 세로토닌과 도파민이 과잉 분비되면서 게임을 멈추기 힘들어진다. 오죽하면 게임에 중독된 사람들의 뇌가 알코올 또는 마약에 중독된 사람의 뇌 상태와 비슷하다고 하겠는가. 장기적으로 게임은 스트레스 뇌파를 증가시켜 불안감을 느끼고 참을성이 약해지며 쉽게 흥분하게 만드는 부작용이 있다.

시간을 낭비하는 것이 아니라, 스스로의 발전과 인생의 변화를 위해 똑똑하게 한눈팔기 위해서는 일단 무엇에 한눈팔 것인지부터 찾아야 한다. 이제부터는 '나는 무엇을 해야 할까?'에 대한 강박을 버리고, '지금 나는 무엇을 하고 싶은가?'에 대해서만 생각해보자.

쉽고, 별 거 아닌 것처럼 보일지라도 꾸준히, 재미있게 하는 게 중요하다.

그림을 그린다고 생각해보자. 흰색 도화지를 보고 있노라면 도대체 무엇으로 이 한 면을 채워야 할지 막막하다. 그럴 때 장고長考 끝에 처음부터 전체적인 그림의 판을 짜고 그에 맞게 하나하나의 그림을 채워 넣을 수도 있겠지만, 도저히 생각이 나지 않을 때는 일단 떠오르는 대로 그려보는 것도 방법이 될 수 있다. 산을 그리고 꽃, 집, 사람 떠오르는 대로 하나하나를 그려나가면서 프레임에 어떻게 조화롭게 담을지 고민하는 것이다.

한눈파는 것 역시 마찬가지다. 처음 한눈팔 때는 나무, 산, 꽃, 집을 하나하나 생각나는 대로 그릴 때처럼 그냥 각각의 우물에만 집중해도 괜찮다. 이후 한눈팔기에 어느 정도 익숙해지고, 여러 대상에 한눈팔았을 때는 흰 도화지에 각각의 그림들을 어떻게 배치하면 좋은 그림이 나올지 연구하듯, 각각의 한눈판 대상들을 서로 엮어 어떻게 활용하면 좋을지 생각해보는 것이 또 하나의 재미가 될 수 있다.

하나의 우물에서 벗어나 여러 우물을 파고, 더 나아가 그 우물들을 융합, 복합하는 방안들을 생각하기 시작한다면, 이는 우리가 한눈팔기를 통해 서서히 삶을 자유자재로 설계할 수 있는 단계로 발전하고 있음을 의미한다. 이때부터는 한눈팔기의 매력에 중독되기 시작할 것이다.

# 한눈팔라는 말은 현재 하는 일을
# 대충 하라는 말이 아니다

신입사원 A 씨는 회사에 다니며 한눈판 시간 덕분에 5년 동안 짝사랑하다 연인이 된 여자친구에게 멋지게 프러포즈를 하고 결혼에 성공했다. 피아노에 대해선 하얀 건반과 검정 건반이 있다는 정도만 알고 있던 그가 원One 테이블 식당에서 식사를 한 후 피아노 연주와 함께 감미롭게 노래를 부르며 여자친구에게 프러포즈를 한 것이다. 걸음마도 못 뗀 아기가 한 달 만에 뜀박질을 하는 것과 같은 대단한 변화를 이뤄낸 그의 노력에 여자친구는 크게 감동했고, 그와 결혼하기로 했다. 프러포즈를 위해 우연히 피아노에 한눈팔게 되면서 인생을 멋지게 즐기는 법까지 알게 되었다고 격양된 목소리로 이야기하던 그의 모습이 눈에 선하다.

그는 한 달간 그야말로 피아노 연습에 독하게 한눈팔았다. 퇴근 후 곧바로 학원에 출근하다시피 해가며 프러포즈를 위한 단 한 곡만을 무한 반복하여 연습했다. 처음에는 더듬더듬 손가락 하나를 떼는 것조차 힘들었다. 시도 때도 없는 야근에 퇴근 시간이 고정적이지도 않았고 신입사원이라 업무가 아직 익숙하지 않아 공부하고 고민해야 할 것도 많았다. 프러포즈를 계획한 날이 다가올수록 그는 불안했다. 정말 할 수 있을까 걱정도 됐지만, 반드시 해내야만 한다는 생각으로 마음을 다잡았다. 여자친구에게 자신의 마음을 전하고, 누구나 쉽게 전할 수 없는 감동을 선물하고 싶었다.

그는 회식이 있는 날도 잠깐 학원에 들러 연습을 하고 난 후 회식에 참석했다. 학원 선생님께 미리 양해를 구한 뒤 야근이 끝나고 자정 가까이 된 시각에 학원에 가서 혼자 피아노를 연습한 날도 여러 번 있었다. 복잡한 악보를 읽는 게 어려워, 악보를 볼 생각은 하지도 못했고 그냥 노래와 손동작을 아예 외워버렸다. 한 달 간의 이러한 노력은 멋진 결과를 가져왔고, 덕분에 프러포즈에 성공한 그는 지금 결혼해서 행복하게 잘 살고 있다.

일하느라 바쁜데 그냥 선물 하나 사고 근사한 곳에서 저녁을 먹으면 될 텐데, 굳이 없는 시간을 쪼개가며 피아노를 배워야 했냐고 말하는 사람도 있었다. 하지만 그는 프러포즈하던 당시는 말할 것도 없고, 한 달간 열심히 피아노를 배웠던 그 시간 동안 정말 행복했다고 말했다. 몸이 피곤하긴 했지만, 오히려 회사에서 일할 때 열정과 활력이 넘쳤고 특별한 이유 없이 늘 기분이 좋았다고 했다.

그는 그렇게 열정적으로 한눈을 팔았다. 그리고 중요한 것은 회사 일에도 전혀 소홀하지 않았다는 것이다. 그는 기본적으로 책임감 있고 성실한 사람이었다. 맡은 일에 최선을 다하는 그가 다른 일에 한눈판다고 해서 뭐라고 하는 사람은 아무도 없었다. 오히려 바쁜 와중에 자투리 시간도 만들어내 열심히 한눈파는 그를 대견하게 여겼고, 프러포즈가 성공하길 진심으로 응원했다.

한눈팔라는 말을 현재 하고 있는 일을 대충 해도 괜찮다는 말로 오해해서는 안 된다. '한눈팔다'라는 단어의 사전적 의미를 사람들이 부정적으로 인식하는 것 역시 일반적으로 한눈을 판다고 하면 다른 곳에 정신이 팔려 정작 집중해야 하는 일에는 소홀히 한다는 의미를 내포하고 있기 때문이다. 한눈팔기를 통해 인생의 긍정적인 변화를 경험하기 위해서는 반드시 현재에 대한 충실함이 기본이 되어야 한다. 이 우물, 저 우물에 기웃거리느라 정작 내 우물의 소중함을 잊어버리거나 내팽개쳐버리는 일이 있어서는 안 된다는 것이다.

물론 다양한 우물에 한눈을 팔다가 본인에게 더 적합한 우물을 찾게 될 수도 있고, 내 우물에는 더 이상 비전이 없다는 판단하에 다른 우물로 바꾸게 될 수도 있다. 하지만 다양한 곳에 한눈팔아본 후 그만큼 내공이 쌓였을 때 비로소 현명한 결정을 내릴 수 있다. 이제 막 한눈팔기 시작하면서 다른 것에 현혹돼 내 우물을 버리겠다고 하는 것은 가지고 놀던 인형에 싫증이 났다고 해서 새 인형을 갖고 싶어 떼쓰는 아이와 다를 바 없다. 냉정하게 말해 현재 파고 있는 우물에 대한 충실함을 유지하면서 한눈팔 자신이 없다면 차라리 한 우물만 파는 것이 더 낫다.

3년 차 회사원 P 씨는 회사도 싫고, 일도 싫고, 승진 욕심도 없지만 매달 꼬박꼬박 나오는 월급 하나만 바라보며 회사에 다닌다. 상사가 일을 주면 불만에 가득 찬 얼굴로 컴퓨터를 노려보고 일이 잘 풀리지 않으면 급기야 책상을 세게 치며 짜증을 낸다. 그러니 같이 일하는 사람들도 불편해서 제대로 말을 걸지 못할 정도다.

그런 그녀가 일 외에 한눈을 파는 것이 있었으니, 바로 공연과 여행이었다. 문제는 업무시간에 컴퓨터로 공연을 찾아보며 티켓을 예매하고 여행일정을 짜거나 인터넷 쇼핑을 즐긴다는 것, 한두 시간씩 도대체 어딜 갔다 오는지 모르게 툭하면 자리를 비운다는 점이었다. 그러면서 일을 하나 시키면 실컷 다른 데 한눈팔다가 마감기한에 딱 맞춰 겨우 일을 마치거나 기간을 훌쩍 넘겨서 마무리하니, 당연히 상사와 동료들로부터도 신임을 얻지 못했다.

그녀는 일이 적성에 맞지 않는다고 불평했지만, 그렇다고 당장 퇴사하고 다른 일을 찾을 용기는 없었다. 꼬박꼬박 월급은 통장에 들어오니 회사에 나가긴 하는데 일은 하기 싫고 한마디로 정신이 딴

데가 있었다. 그녀는 회사생활에서 오는 불만과 스트레스를 다른 곳에 한눈팔며 풀고 있다고 생각할지 모르겠지만, 오히려 이러한 상황이 그녀를 더욱 힘들게 하고 있다는 것을 본인은 몰랐다.

공연 시간 때문에 일찍 회사에서 나서야 할 때도 상사들의 눈치를 보며 도망치듯 자리에서 사라지고, 여행 일정을 잡아놓고도 동료들에게 미리 얘기를 꺼내지 못하고 있다가 중요한 업무일정을 논의하는 자리에서 그땐 개인 일정이 있다고 쭈뼛쭈뼛 말을 꺼냈다. 동료들도 황당하고 짜증이 났지만, 본인 역시 매번 눈치를 볼 수밖에 없으니 마음이 편치는 않았을 것이다.

그녀는 한눈팔기 전에 본업에 더 충실해야 했다. 그 일이 본인의 적성에 맞고 아니고를 떠나 일단 자신이 하고 있는 일에 최선을 다하면서 한눈을 팔아야 한눈팔기를 통해 일에서 오는 스트레스를 날려버리거나, 새로운 기회를 만들고 다른 일을 도모하는 등 긍정적인 변화를 만들 수 있었을 것이다. 그러나 자신의 우물에 충실하지 못한 그녀는 한눈을 팔면서도 스트레스를 받거나 계속해서 부정적인 결과를 만들어내고 있었다.

회사 또는 업무가 마음에 들지 않는다고 해서 일은 하는 둥 마는 둥 하고 다른 곳으로만 한눈을 팔거나, 아무런 목표나 계획 없이 갑작스레 일을 그만둬버려서는 안 된다. 현재 하고 있는 일도 과거 어느 순간의 나의 선택이었고, 선택에는 책임이 따르는 것이 당연하다.

문제의식을 갖고 회사 또는 일에 대한 불평불만을 가질 수는 있지만, 섣불리 현재 하고 있는 일을 소홀히 하는 행동은 결국 나에게 좋지 않은 결과로 돌아온다.

나는 20대 중반에 사회생활을 시작해 30대 초반에 접어들 때까지 3번의 입사와 퇴사를 했다. 지금은 한눈팔길 권하고 있는 나 역시도 한 우물만 열심히 파며 다른 우물은 쳐다보지도 않고 있다가 방황도 하고, 고민도 많이 했다. '이 일은 진짜 내가 하고 싶은 일이 아니야. 꿈을 찾아갈 거야', '재미가 없어서 더는 못하겠어'라는 생각으로 무작정 일을 그만뒀던 때도 있었다. 첫 번째 퇴사는 꿈을 위한 무모한 도전이었고, 두 번째 퇴사는 꿈을 잃고 아직 방황하는 과정이었다. 그러던 중 다른 여러 직업에 관심도 갖고, 일상의 소소한 재미들에 한눈팔며 하고 싶은 것들을 더는 미뤄두지 않고 실행으로 옮겼다. 이때부터 삶에도 조금씩 변화가 생기기 시작했다.

세 번째 입사부터 퇴사까지의 과정은 내 우물도 열심히 파며 동시에 한눈팔기에도 각별히 노력을 기울였고, 그 결과 '나는 어떤 것을 할 때 행복한 사람인지'와 '내가 평생 하고 싶은 일'이 무엇인지에 대한 답을 내릴 수 있었다. 나는 회사라는 우물에서 한 발짝 떨어져 한눈팔기 시작하면서 삶이 재미있어지는 걸 느꼈고, 내가 갖고 있던 우물과 다른 우물을 활용해 전혀 생각지도 못했던 기회가 만들어지는 것을 경험했으며, 진짜 하고 싶은 일을 찾았다.

　오해할 독자들이 있을지 몰라 다시 한 번 직장에서의 문제와 고민에 대한 답을 퇴사에서 찾으라는 말이 아니라는 것을 확실히 해두고 싶다. 특히나 계획과 준비 없는 퇴사는 독이다. 중요한 것은 현재 몸담고 있는 우물에서 한 발짝 떨어져 한눈을 팔아 보자는 것이다. 얼핏 생각해봐도 퇴사를 결심하고 실행에 옮기는 것보다 훨씬 쉽고, 거기다 재미까지 있지 않은가.


　NO를 거꾸로 하면 ON이 된다.
　어떤 문제든 반드시 푸는 열쇠가 있다.
　-노먼 빈센트 필-


　현재 상태가 NO라고 해서 포기하지 말고 일단 각자가 처한 현재 상황에서 최선을 다하자. 그러고 나서 한눈을 팔다 보면 의외로 그 열쇠를 쉽게 찾을 수 있다. 등잔 밑이 어둡다는 말처럼 어떠한 일의 해답은 가까이 있을 수 있는데 대부분의 사람이 멀리서 길을 찾으려 한다. 한눈팔 우물은 어디서 갑자기 뚝 떨어지는 게 아니라, 현 상황을 적극적으로 마주하고 현재의 감정을 잘 들여다볼 때 훨씬 더 쉽게 찾을 수 있다는 것을 명심하자.

# 우물 간 결합·융합의 힘을 보여준
# '피규어 수집가' 조웅 씨

피규어 수집에 몰두한 시간이 자그마치 16년. 영화광이었던 조웅 씨는 영화라는 우물을 깊게 파던 것이 계기가 되어 우연히 피규어 수집에까지 눈을 돌리게 됐다. 그래픽디자이너로 회사생활을 하면서도 열렬히 한눈팔기를 멈추지 않았던 그는 우물 간의 결합·융합을 이뤄내며 그만의 개성과 감성이 담긴 우물로 국내는 물론 전 세계 컬렉터들의 이목까지 사로잡았다.

"아버지, 10년 안에 피규어 수집을 하나의 취미로 정착시키겠습니다."

아들이 하는 일이라면 뭐든지 믿고 응원해주시던 아버지마저 피규어 수집을 반대했다. 하지만 아들은 아버지에게 했던 약속을 지켰다. 16년 동안 국내는 물론 전 세계에서 수집한 피규어들이 약 1만 점. 지난 2012년 CWCinema World라는 갤러리 겸 레스토랑인 '복합 외식 문화공간'을 오픈하여 보다 많은 사람들과 함께 영화 속 피규어들을 보고 즐길 수 있는 공간을 마련하였다.

어린 시절 아버지와 처음 영화관에서 본 영화 〈스타워즈Star Wars〉는 그의 인생에 중대한 영향을 미쳤다. 〈스타워즈〉 덕분에 그래픽 디자이너란 꿈을 키웠고, 영화를 좋아하게 되었으며, 스타워즈 컨셉으로 인테리어 한 집 사진으로 주목을 받았기 때문이다.

"어릴 적에 영화 〈스타워즈〉를 봤는데 상상이 스크린 속에서는 현실의 한 장면이 되는 것을 보고 그래픽디자이너를 꿈꾸게 됐다. 대학생이 된 후, 영화 좋아하는 사람들과 이야기를 나누고 싶어 영화동호회에 가입했는데, 술 먹고 잡담하고 정작 영화 얘기는 별로 하지 않더라. 영화를 좋아하는 사람들이 모여 있는데 왜 영화 얘기를 안 할까 생각하다가, 영화카페나 영화레스토랑처럼 영화를 소재로 이야기할 수 있는 환경을 만들면 좋겠다는 생각을 했다. 그때 꿈이 바뀐 것이다."

그는 그때부터 영화적 요소를 가미해 어떤 인테리어를 할 수 있을까 고민했지만, 영화 포스터나 DVD를 수집하는 것 외에는 특별한 게 없어 늘 아쉬움이 있었다. 그러던 중 군 제대 후 미국여행을 갔다가 지인들 선물을 살까 싶어 우연히 들른 소품 가게에서 피규어의 매력에 빠졌다.

"〈나이트메어 A Nightmare On Elm Street〉라는 영화에 등장하는 '프레디'라는 호러 캐릭터의 피규어를 봤는데, 캐릭터들이 마치 살아 움직이는 것 같은 강렬한 느낌을 받았다. 영화 속 캐릭터만큼 정교하고 생동감 있는 피규어를 보고 장난감이라는 선입견은 싹 사라졌다."

피규어를 사서 한국에 들어오면서 그의 인생은 바뀌었다. 행복하지만 다소 고달픈 삶이 시작됐다. 지금은 비싼 피규어가 수 천만 원도 하지만 그가 피규어 수집을 시작한 2000년쯤만 해도 10만 원이 넘으면 비싼 축에 들었다고 한다. 생활비 30~40만 원을 아끼고 밥을 굶어야 피규어를 살 수 있었다. 그렇지만 밥을 굶더라도 원하는 피규어를 손에 넣으면 바라보기만 해도 배가 불렀고, 3만 원 남짓한 피규어를 사려고 지방에 가는 것도 마다치 않았다. 그렇게 2, 3년 지나니 국내에서는 더 이상 살 게 없어 해외 경매 시장으로 눈을 돌렸다.

그는 디자인 공부를 오래 하고, 졸업 후 광고회사에 취업하면서 나름 촉망받는 직원이기도 했지만 피규어에 대한 열정만은 변함이 없었다고 한다. 연봉을 다 털어 피규어를 샀다. 남들이 차를 살 때 그는 아낌없이 피규어를 샀고, 돈이 없어서 데이트를 미루거나 밥을 굶기도 했다. 술자리에서도 9시만 되면 주저하지 않고 자리에서 일어났다. 경매에 참여해야 했기 때문이다. 그야말로 피규어에 20~30대 인생이 고스란히 담겨 있다고 해도 과언이 아니었다.

"일부 사람들이 편견을 갖는 것처럼 내가 돈이 많았다면 지금 이만큼의 피규어를 수집하기까지 1년도 안 걸렸을 거다. 하지만 나는 15년 넘는 시간이 걸렸다. 최대한 저렴하게 사기 위해 경매에 도전해 전 세계 40~50명의 컬렉터들과 경쟁하며 실패도 해보고 다시 도전하고 그렇게 몇 년을 보냈기 때문이다."

조웅 씨가 본격적으로 국내외 컬렉터들 사이에서 주목을 받기 시작한 건 자신의 블로그에 스타워즈 컨셉으로 인테리어 한 집의 사진을 공개하면서부터다. 그는 "같은 피규어도 어떻게 진열되느냐에 따라서 작품이 될 수 있다는 생각에 장식장, 조명, 배경, 배치 등에 굉장히 신경을 많이 썼다"며, "가구 역시 스타워즈 컨셉에 맞춰서 구매하는 등 인테리어 하나하나를 연구해 사람들에게 공개하기까지 3년 이상의 시간이 걸렸다"고 말한다. 그 결과 블로그에는 하루 21만여 명의 사람들이 방문했고, 기사로 소개되기도 했다.

"단순히 피규어를 수집하는 것만으로는 그런 폭발적인 반응을 이끌어내진 못했을 거다. 아무래도 제가 디자인을 전공하고 회사에서 실무를 경험하며 디자인이란 우물을 오래 팠기 때문에, 남다른 시선과 감각을 피규어라는 우물에 더할 수 있었고 많은 분들이 그런 점을 긍정적으로 봐주신 것 같다."

그만의 피규어 수집 철칙은 단순히 많은 수의 피규어를 구매하는 것에 집착하지 않는다는 것이다. 그는 '리얼리티'에 중점을 두고 영화 속 캐릭터의 피규어들을 어떻게 하면 더 멋지게, 사실적으로 표현해낼 수 있을까 고민하며 조명의 방향, 피규어들의 배치 등을 세심하게 신경 쓴다고 했다. 그는 "구매 전에 머릿속으로 상상해본다. 색이나 크기 등 전체적인 배치를 고려해보고 꼭 필요한 걸 생각한다. 디자이너 출신이다 보니 상당한 도움이 된다"고 말했다.

결과적으로 한눈팔던 피규어 수집이란 우물이 중심 우물로 바뀌는 전환이 이뤄졌지만, 그래픽디자인이란 또 하나의 우물이 있었기에 그만의 개성 있는 우물을 만들어낼 수 있었던 것을 그 역시 인정한다.

한때 아랍계 거부가 약 13억에 〈스타워즈〉 관련 모든 피규어를 사겠다고 제안할 정도였지만 그는 제안을 거절했다. 피규어는 어떠한 큰돈과도 바꿀 수 없는 인생의 일부이자 꿈이기 때문이다. 이런 그의 열정과 노력, 남다른 감각은 결국 부모님의 반대를 응원으로 바꿨고, 장모님도 흔쾌히 사위의 꿈을 지원했다. 덕분에 경산에 갤러리를 오픈하며 그간 공간이 부족해 창고에 보관해 둘 수밖에 없었던 수천 점의 작품들이 빛을 보게 됐다고 한다. 피규어 갤러리라고 해서 얼핏 아이들의 반응이 더 좋을 것 같지만 실제로는 성인 방문객 비율이 70%가 넘을 정도로 어른들에게 큰 인기다.

키덜트Kidult 문화가 과거 소수 마니아를 중심으로 한 오타쿠 문화라는 다소 부정적인 인식에서 출발했으나 점차 긍정적인 면에 주목하는 시선이 많아지고 있는 데 조웅 씨도 큰 몫을 했다. 특히 평소 남편 또는 남자친구가 피규어를 수집하는 걸 탐탁치 않아하던 여성들이 조웅 씨의 감각적인 전시 덕분에 피규어에 대한 인식이 바뀌어 함께 수집과 인테리어를 하게 됐다는 메일을 받을 때면, 키덜트 문화에 대한 인식이 차츰 긍정적으로 전환되어 가고 있음을 체감한다고 한다.

약 1만 점의 수집품 중에서 조웅 씨가 각별한 애착을 갖는 것은 무엇일까? 가장 오랜 기간에 걸쳐 찾아 헤맸지만 가장 저렴한 가격에 구입한 '영사기'라고 했다. 영화 〈시네마 천국Cinema Paradiso〉을 보고 감흥을 받아서 뭔가를 수집하고 싶었는데, 주인공이 마지막에 영화를 돌려보는 영사기가 조웅 씨의 눈을 사로잡았다. 그런데 아무리 수소문을 해봐도 영사기가 어떤 모델인지 정보를 알 수 없었다. 전 세계 경매 사이트를 다 뒤졌다. 그렇게 2년 가까운 시간이 흘렀을 때 1950년 제작되어 지금은 단종된 독일제 영사기라는 것을 알게 됐고, 경매에 한 차례 흰색 영사기가 올라왔지만 영화 속 영사기는 회색이었기에 그에겐 의미가 없었다.

그러던 어느 날 아주 우연히 독일에 사는 시골 할아버지가 똑같은 모델의 회색영사기를 경매에 올렸는데, 영화 〈시네마 천국〉에 등장한 영사기와 동일한 모델이라는 것을 아는 사람은 바로 조웅 씨 한 사람밖에 없었고 심지어 독일 할아버지조차 몰랐다. 덕분에 유일하게 조웅 씨 한 사람만이 입찰해 단돈 1달러에 낙찰 받았다. 그때의 희열은 말도 못한다며 그 순간을 회상했다.

그는 "처음에는 피규어를 수집하는 게 스스로의 만족을 위한 측면이 강했다. 하지만 사람들과 피규어를 공유하게 되면서 '옛 추억이 되살아나고 영화에 푹 빠질 수 있는 소중한 기회를 줘서 고맙다, 훌륭하다'는 이야기를 듣다보니 더 큰 책임감과 보람이 생긴다"며, "더 큰 공간에서, 눈으로만 보는 것이 아닌 직접 체험까지 할 수 있는 체험형 전시를 하고 싶다"고 말했다. 우물을 사람들과 공유함으로 인해 그의 우물이 점점 더 깊어지고 성장하고 있음을 보여주는 대목이다.

그가 처음 수집을 시작한 16년 전만 해도 피규어 수집가는 '오타쿠애니메이션, SF영화 등 특정 취미에 관심이 깊지만, 다른 분야에는 관심이 없고 사회성이 결여된 사람'라는 부정적 시선이 있었다. 그래서 남의 시선 때문에 한눈팔기를 주저하는 사람들에게 "행동으로 보여주면 된다. 자신만의 뚜렷한 목표와 철학을 가지고, 취미 생활을 즐김과 동시에 내 생활은 물론 주변 사람들도 챙기며 열심히 살다보면 주변에서도 믿고 지켜봐주는 것 같다"는 말을 덧붙였다.

# Step 2

누구도 가르쳐주지 않았던
한눈팔기의 힘

# 지루한 일상을
# 짜릿한 설렘으로 채우다

많은 사람이 인생을 숙제처럼 사느라, 정작 때마다 누려야 할 삶의 즐거움을 놓치고 있다. 좋은 대학에 들어가면 그다음엔 좋은 직장에도 들어가야 하고, 곧 이어 얼른 돈을 모아서 더 나이 들기 전에 결혼해야 한다는 압박에 시달리게 된다. 결혼하고 나면 머지않아 자녀계획을 세워야 하고, 자녀가 장성할 때까지 뒷바라지 하고 나면 노후계획도 챙겨야 한다. 남보다 조금이라도 뒤처지고 있다는 생각이 들면, 나이에 맞는 진도를 얼른 뒤쫓아야 한다는 압박감 때문에 그 나이에만 누릴 수 있는 삶의 즐거움을 놓아버리는 경우가 많다. 언제까지 세상이 누구에게나 획일적으로 내준 숙제를 꾸역꾸역 해나가며, 남들에게 숙제 검사를 받듯 삶을 살아야 하는 걸까? 아마 죽을 때까지 '참 잘했어요' 도장을 받기 위해 남과 비교하며 숙제를 하고 있어야 할지 모른다.

그래서 나이의 앞자리가 바뀌는 시기를 전후해 사람들은 보통 큰 슬럼프에 빠지곤 한다. 특히 앞자리 숫자가 2에서 3으로 바뀌는 즈음해서 일, 결혼, 안정, 경제력 등에 대한 대대적인 숙제 검사가 이뤄진다. 10대 혹은 20대 때 막연히 상상하는 30대 초반의 모습은 일에서는 한 분야의 전문가가 되어 전문성을 인정받고, 탄탄한 경제력을 기반으로 안정적인 생활을 함과 동시에, 여유롭게 미술, 운동, 여행 등 여가생활을 누리는 삶이다. 또한 번듯한 애인을 옆에 두고 결혼계획을 세우며 가정 꾸릴 준비를 하는 모습을 기대한다.

하지만 막상 서른이란 나이가 눈앞에 닥치면 알게 된다. 여전히 삶은 불안하고 아직도 해야 할 숙제는 산더미만큼 남아있다는 것을. 그러다 보면 제2의 사춘기. 아니 오춘기를 겪는 것 같은 심정이다. 그런데 30대가 "일에서 재미와 보람을 느끼지 못한다"라고 하소연하면 "아직도 재미와 보람 타령이냐. 그런 건 포기할 때도 됐지 않냐"라는 말을 듣고, "공부를 더 하기 위해 대학원에 가고 싶다" 또는 "그동안 모은 돈을 가지고 배낭여행을 다녀오고 싶다"라고 말하면 "네 나이가 몇인데, 빨리 결혼해서 아이 낳고 키우려면 한푼 두푼 돈을 아끼고 모아야지 허튼 곳에 돈 쓰려 하냐" 하는 핀잔을 듣기 일쑤다. 이런 얘길 계속 듣다 보면, 스스로도 어느 순간부터 '그래. 새롭게 시작하기엔 너무 늦은 나이야'라며 자포자기하게 된다.

하지만, 고작 20대, 30대에 '포기'라는 단어는 어울리지 않는다. 세계적인 브랜드 '샤넬'의 디자이너 코코 샤넬Gabrielle Bonheur Chanel이 패션계의 혁신을 일으킨 나이는 71세였고, 프랑스 대문호 빅토르 위고Victor Marie Hugo가 대작 『레 미제라블』을 간행하며 세계적 작가로 우뚝 선 나이도 60세였다. 토머스 에디슨Thomas Alva Edison은 83세의 나이에 마지막 발명품을 출원했고, 영화 〈슈렉Shrek〉의 원작자 윌리엄 스타이그William Steig는 62세에 동화작가가 되었고 84세인 1990년 동화 『슈렉』을 발표해 훗날 애니메이션으로 만들어졌다. 이들 중 에디슨은 "결코 시계를 보지마라. 이것이 젊은이들에게 하고 싶은 나의 충고다"라는 말을 남겼다. 나이에 따라 정해진 시기, 과제에 구애받지 말고 자유롭게 자신만의 속도로 자기의 길을 걸어가라는 말이 아니겠는가.

한 우물에서 빠져나와 여러 우물을 파고 있는 사람들을 보면, 인생을 나이에 맞게 처리해야 할 숙제처럼 생각하지 않는다. 놀이처럼 가볍게 생각하며 자신만의 길을 걷는다. 놀이라는 말을 썼다고 해서 삶을 진지하게 대하지 않는다는 말이 아니다. 놀이하듯 인생에서 하고 싶은 일들에 마음껏 한눈팔며 살다 보면, 숙제검사를 받을 때와는 달리 한 살 한 살 나이가 들어감에 따라 점점 삶의 영역이 확장되는 것을 발견하게 된다. 이 또한 한눈팔아야만 알 수 있는 재미다.

『나는 자꾸만 딴짓하고 싶다』의 저자 이기진 교수. 그룹 투애니원

2NE1 씨엘CL의 아버지이자 물리학자로도 유명하다. 그는 국제 저널에 100편 이상의 논문을 발표하며 활발히 학술 활동을 하고 있으며, 피를 뽑지 않고도 혈류에 마이크로파를 쏴 인체의 혈당을 측정하는 기술을 개발해 세계지적재산권기구상을 수상하기도 했다. 또 그가 저술한 물리학 분야의 도서들은 문화체육관광부 우수 교양 도서로 선정되었고, 로봇 캐릭터 인형을 제작하는 등 과학문화의 대중화에 힘쓰고 있는 공로가 인정돼 2015 세계과학정상회의 홍보대사로 선정되기도 했다.

그런 그가 『나는 자꾸만 딴짓하고 싶다』라는 책을 펴내며, '딴짓의 고수'를 자처하고 나섰다. 그는 남들이 볼 때는 딴짓으로 보이는 다양한 곳에 한눈팔며 인생을 마치 놀이처럼 즐긴다. 책을 통해 물리학자인 그의 삶을 들여다보니, 전공과 상관없는 다양한 우물들이 눈에 띄었다. 우선 가장 특이한 점은 그가 두 딸을 모델로 한 '깍까'라는 주인공이 등장하는 동화책 시리즈를 낸 동화작가라는 것이다. 또한 틈틈이 그림을 그려 전시회까지 연 화가이면서도, 깨진 도자기, 파리 아낙네가 쓰는 앞치마 등 온갖 잡동사니를 수집하는 컬렉터이기도 하다. 직접 그린 로봇 그림을 토대로 제작한 도자기 로봇은 파리 아트 페어에 출품했는데 프랑스 배우 에릭 주도르Éric Judor가 거금에 사 가는 등 공예가로도 인정을 받았다.

물리학이라는 자신의 우물을 탄탄히 하는 것은 물론이고 동시에 여러 우물에서도 두각을 나타내고 있는 그가 밝힌 비법은 간단했다. 그저 "재미있어서." 두 딸에게 한글을 재미있게 가르치려고 짧은 이야기를 짓고 그림을 그린 것을 시작으로 동화작가라는 우물을 파게 됐고, 연구실에서 머리를 식히기 위해 틈틈이 낙서하던 것에서 시작해 꾸준히 그림이란 우물을 판 결과 전시회까지 열게 됐다. 이가 나간 그릇, 오래된 행주, 연필심의 두께를 5단계로 조절해 깎을 수 있는 일본산 연필깎이 등 각양각색의 물건들을 수집해 작업실에 진열해 놓다 보니 어느새 수집가로서의 우물도 파게 되었다.

그는 본인이 흥미 있는 것에 과감히 뛰어들어 꾸준히 해볼 것을 권한다. 소위 딴짓을 통해 이 책에서 한눈팔기를 권하는 이유와 같이 입체적인 사고를 갖게 되고, 그 과정에서 일에 대한 새로운 영감이 떠오르거나 일상에 활력이 생긴다는 것을 경험했기 때문이다.

## 나만의 레크레이션을 찾자

인생을 숙제처럼 사는 경직된 삶을 놀이처럼 즐기는 삶으로 전환하려면, 우선 자신만의 레크레이션을 찾는 것부터 시작해야 한다. 그리고 조금씩, 꾸준히 즐기면 되는 것이다.

말은 쉬워 보일지 모르지만, 여가를 어떻게 보내야 할지 잘 모르는 우리나라 사람들에게는 특히 어려운 일이다. 문화체육관광부가 발표한 '2014년 국민여가활동조사'에 따르면 우리나라 사람들이 가장 많이 하는 여가활동은 TV 시청으로 무려 51.4%의 응답률을 보였다. 이어 인터넷 및 SNS(11.5%), 산책(4.5%), 게임(4.0%) 등이 뒤를 이었다. 주5일제가 시작되면서 여가와 휴식시간은 늘어났지만, 대부분의 사람은 그 시간을 TV를 보며 무의미하게 채운다. 제대로 쉬는 방법을 모르고, 무엇을 해야 할지 모르기 때문이다. 정말 중요한 것은 '얼마나 쉬는가'가 아니라 '어떻게 쉬는가'인데, 대부분의 사람은 그걸 모른다. 연초에 달력에 있는 빨간 날의 개수가 적다며 아쉬워하지만, 정작 많아도 어떻게 쉬어야 할지 몰라 문제다.

"뭔가 재미있는 일 없을까?", "재미있는 일이 일어났으면 좋겠다"라는 말을 입버릇처럼 달고 사는 동료, 친구들이 있었다. 이런 사람들의 특징은 스스로 재미를 찾으려고 노력하기보다, 다이내믹하고 대단한 사건 또는 이벤트가 어느 날 갑자기 눈 앞에 펼쳐지길 바란다는 것이다. 그런데 현실적으로 그런 일이 평생 몇 번이나 벌어질까? 그래서 그들은 늘 똑같은 얘길 반복한다.

대부분의 사람이 재미는 극도의 환희와 통쾌함을 동반하는 활동이라고 착각한다. 하지만 작고 사소할지라도 즐거움과 안정감이 느껴지고 계속 지속하고 싶은 마음이 들면 그것이 진짜 재미고, 그것을 나만의 레크레이션으로 삼을 수 있다. 아직 나만의 재미와 레크레이션을 찾지 못했다면 더는 쉬는 시간에 누워서 TV만 보고 있으면 안 된다. 몸을 움직여 여러 우물을 기웃거리며 이런저런 경험을 늘리는 수밖에 없다. 그러다 보면 어느 순간 운명처럼 재미와 만족감을 충족시키는 우물을 만나게 된다.

나에겐 사진 찍기가 그랬다. 같은 것을 보고도 사람에 따라 하나의 프레임에 저마다 다른 구도, 노출, 색감의 사진을 만들어내는 것이 신기해, 유명 사진작가들의 작품을 찾아본 것이 시작이었다. 그러다 보니 궁금증이 생겨 사진 수업도 들어보게 되었고 관련 서적을 읽으며 공부도 하고 있다. 그렇게 사진이란 우물에서 삽을 뜨고 난 후 내게 일어난 가장 큰 변화는 언제부턴가 외출할 때면 카메라부터 찾는다는 것이다. 사실 카메라를 어깨에 메고는 있지만 정작 아무것도 찍지 않는 날이 더 많다. 폼 잡는 것도 아니고 카메라로 사진을 찍지 않으면 무슨 소용이냐고 말하는 사람들도 있지만, 경험상 '카메라를 가지고 나왔으니 집에 들어갈 때까지 꼭 좋은 사진 하나 건져야지'라고 생각하는 순간 나도 모르게 부담감이 생긴다. 셔터를 누를 만한 좋은 풍경 혹은 대상을 찾기 위해 초조한 눈으로 두리번거릴 수밖에 없다. 아무리 좋아하는 일이라도 부담 없이 가볍게 느껴져야 재미가 생긴다.

그렇게 외출, 여행하며 소소하게 찍은 사진 중 특별히 마음에 드는 사진은 파일로만 컴퓨터에 저장해두지 않고 인화한다. 그리고 집 안 갤러리에 전시한다. 갤러리라는 표현이 거창해 보일지 모르지만,

집 안에서 가장 눈에 잘 띄고, 깔끔한 흰 벽지가 돋보이는 벽 한 면을 갤러리 삼아 인화한 사진들을 붙여 놓았다. 액자도 없이 투명 테이프로 사진을 벽에 고정해놨을 뿐이다. 남이 뭐라고 하든, 내가 편안한 마음으로 바라보며 생각하고 즐길 수 있는 나만의 갤러리다.

집에서 이런저런 일들을 하다가 문득 사진에 시선이 머물 때면, 사진을 찍을 당시의 풍경과 느낌 등이 머릿속을 스치고 지나간다. 청소하다가도 제주도에서 본 에메랄드빛 푸른 바다가 눈에 그려지고, 밥을 먹다가도 하늘이 붉은 노을로 물든 어느 시간 집 앞 하천 길을 산책하며 맞았던 선선한 바람이 느껴진다. 이게 내가 사진을 통해 얻는 즐거움이다.

나는 사진작가가 될 것도 아니고 남에게 보여주는 것이 아니기에 잘할 필요도 없으므로 그저 조금씩, 천천히 내가 즐거울 정도만 사진이란 우물을 파고 있다. 아직 그 깊이가 어느 정도인지는 모른다. 하지만 우물의 깊이는 중요하지 않다. 시간이 지나 언젠가는 나도 모르는 사이에 꽤 깊어진 우물을 보며 놀랄 것이고, 그 우물에서 예상치 못한 보물을 발견하게 될 것 같은 기대감. 그뿐이다. 일을 하는 것과 달리 한눈팔 때는 잘하겠다는 마음가짐보다, 조금씩이라도 꾸준히 하는 것을 목표로 삼아야 한다. 그렇게 부담 없이 우물을 파기 시작해야 어느 순간 우물들이 하나둘씩 일상에 스며들고, 한눈팔기가 놀이처럼 여겨진다.

## 프로가 아닌 영원한 아마추어로 살자

삶의 가장 중요한 목적은 무엇일까? 일에서 전문성을 인정받는 것? 돈을 많이 버는 것? 좋은 집에 사는 것? 명예를 얻는 것? 물론 이런 것들이 삶의 목적이 될 수도 있겠지만, 이러한 목적을 이루려면 전제조건이 따른다. 눈앞의 재미와 행복은 잠시 미뤄두고 견디는 삶을 살아야 한다는 것. 눈의 양옆을 가리고 뛰는 말과 같이 패스트 팔로어로서 무작정 앞만 보며 달린 기억 때문에, 여전히 대부분의 사람은 행복과 재미 자체를 삶의 목적으로 삼는 것을 무책임하다고 여기며 일종의 죄의식까지 느낀다.

하지만 앞서 말했듯, 이제 시대는 재미를 좇아야 하는 시대로 변하고 있다. 유럽 최고의 석학이라 불리는 프랑스 경제학자 자크 아탈리Jacques Attali는 2007년 세계지식포럼에서 "무엇이 우리 사회의 창조적 계급을 움직이게 하는 원동력이 될 수 있는가?"라는 질문에 '재미와 돈'이라고 답했다. 삶의 목적은 무엇보다 자신이 재미있어하고 행복해하는 일을 찾는 것이다. 세상은 넓고 그만큼 할 일도 무궁무진하게 많은데, 좋아하는 일에 푹 빠져 무아지경을 느껴보지 못한다면 억울하지 않을까? 그래서 평생 행복한 일과 재미있는 일을 찾고 시도하며 아마추어로서 사는 삶을 즐기자는 것이다. 하나의 취미로 우물을 파고 즐기기 시작해 오랜 시간이 더해져 언젠가 전문가로까지 인정받는 경지에 오르게 됐다면, 그다음에는 또다시 아마추어가 되기 위해 그 우물과 연계한 또 다른 우물, 혹은 전혀 새로운 우물을 파기 위해 손에 삽을 들 때다.

평생 아마추어로 살겠다고 마음먹으면, 나이 때문에 '너무 늦었다'는 변명도 하지 않게 된다. 한눈팔기에 늦은 나이는 없다. 20대 때부터 한눈을 팔면 30대 이후가 즐거워지고, 30대 이후에 한눈팔면 인생의 다이내믹한 변화를 경험하게 된다. 인생을 시기별로 구분 지어 봤을 때 20대는 이것저것 시도해보면서 앞으로 나아가야 할 방향을 정하는 시기다. 그 과정에서 다양한 우물에 한눈팔며 그것을 계속 팔지, 아니면 다른 우물을 선택할지 고민하고 시행착오도 겪어보면 남보다 빨리 자신에게 적합한 우물을 찾게 된다. 그리고 30대부터는 여러 우물을 활용해 새로운 기회를 모색할 가능성이 더욱 커진다.

반면 20대를 열심히 한 우물만 파며 보냈다면 뭔가 채워지지 않는 마음속 허전함의 원인이 무엇인지 몰라, 30대에 진입하며 제2의 사춘기를 겪게 될 확률이 높다. 하지만 결코 늦지 않았다. 30대 이후부터 한눈을 팔기 시작하면 그 전까지 한 우물에만 집착해 하고 싶어도 하지 못하고, 포기했던 일들에 대해 억눌려 있던 열망을 폭발적인 열정으로 바꿔 더욱 신나게 다른 우물에 빠져들 수 있다. 30대 이상은 우물을 선택하는 데 있어서도 더욱 신중하고 현명하다. 분명 달라진 경험과 마음가짐을 통해 이전과 비교할 때 크게 달라진 자신을 만나게 될 것이다. 늦지 않았다. 우리는 영원한 아마추어 아닌가.

# 오버씽킹은 그만!
# 머리를 비워야 아이디어가 떠오른다

우리는 살아가면서 직면하는 수많은 선택과 결정에 앞서 마지막까지 여러 변수를 고려하느라 생각의 끈을 놓지 않는다. 가능한 한 많이, 오래 고심하여 결정을 내리는 것이 신중한 태도이며, 좋은 결과로 돌아온다고 생각하기 때문이다. 오버씽킹Over Thinking은 말 그대로 '생각의 과잉', 즉 너무 '많이' 또는 '오랫동안' 생각하는 상태를 말한다.

미국 경제 전문지 포브스Forbes는 오버씽킹을 '반추형'과 '걱정형' 두 가지 타입으로 분류했다. 반추형은 '이미 일어난 일'에 대해 지나친 자책과 후회를 하는 경향을 보인다. '내가 그때 시험공부를 더 열심히 했더라면 결과는 달라졌을 텐데', '회의 때 괜한 말을 꺼내서 분위기를 망쳤어', '회사를 그만두지 않았다면 더 행복했을 텐데' 등과 같이, 이미 어찌할 수 없는 지나간 일에 대해 과도하게 집착한다.

한편 걱정형은 '아직 일어나지 않은 일'에 대해 비관적으로 생각한다. '나는 아무리 노력해도 성공하기 힘들 거야', '저 친구와 나는 언젠가 사이가 나빠질 거야'와 같이, 미래에 대해 막연한 불안과 부정적인 생각을 갖는다.

『생각이 너무 많은 여자』의 저자 수잔 놀렌 혹스마Susan Nolen-Hoeksema 심리학 박사는 오버씽킹을 '건강하고 행복한 삶을 방해하는 일종의 병'으로 보았으며, 오버씽킹에 따른 증상은 단순히 걱정이 많다거나 깊이 생각하는 것과는 차원이 다르다고 설명했다.

일에 대한 걱정, 회사에서 행동한 일에 대한 후회, 상사가 던진 말에 대한 추측, 친구의 행동에 대한 의심 등 온갖 부정적인 생각들이 꼬리에 꼬리를 물며 이어진다. 그래서 회사에서 있었던 일을 계속 신경 쓰며 집에서 잔뜩 인상을 찌푸리고 있기도 하고, 회사 일을 집에까지 들고 들어와서도 머릿속으로는 상사가 했던 비난을 곱씹느라 정작 일에는 집중을 못 한다.

이런 예를 들어 설명할 수 있을 것 같다. 내일 회의 때까지 아이디어를 생각해야 하는데, 내 생각은 너무 평범하고 기발함이 없는 것 같다. 밤잠을 설칠 만큼 머리가 복잡한데 아이디어 대신 걱정만 쏟아진다. '이런 아이디어를 얘기했다가 괜히 비웃음을 살 거야', '그동안 내 능력이 과대평가되어 있었다는 게 밝혀져 비난을 받겠지',

'능력이 없다고 회사에서 잘리진 않을까?' 결국 꼬리에 꼬리를 무는 수많은 생각에 집중하다가 온갖 걱정과 불안한 감정에 휩싸였을 뿐, 정작 떠올려야 할 아이디어는 나오지 않는다.

부정적인 감정은 뇌 활성화를 방해한다. 『뇌력혁명』이란 책에는 "한 번 실의에 빠지면 뇌는 계속 부정적인 마이너스 회로를 감도는 고약한 성질이 있다. 열 마디 칭찬보다 한마디 비판에 더 집착하고 신경이 쓰이는 건 그래서다. 뇌는 그런 점에서 참으로 나약하다. 작은 실의에도 그만 가라앉아 버린다. 온 뇌가 부정적인 모드에 빠진다"고 설명하고 있다. 또한 "나쁜 일 한 가지에서 벗어나기 위해서는 좋은 일이 일곱 배는 더 많아야 된다는 보고가 있다. 그만큼 뇌는 쾌보다 불쾌에 더 민감하다"고 나와 있다.

오버씽킹을 멈춰야 뇌가 혹사당하는 것을 멈출 수 있고, 더불어 사고력과 기억력도 향상시킬 수 있다. 그러기 위해서는 뇌에 '좋다', '재미있다'는 긍정적인 신호를 줘야 한다. 일이 아닌 다른 우물에 한눈팔아야 하는 이유다.

### 즐거운 일에 몰입하면 오버씽킹을 멈출 수 있다

세계적인 크리에이터 그룹 99U의 총괄 디렉터인 조슬린 K Jocelyn K. Glei가 쓴 『집중의 힘 Manage Your Day-to-Day』이란 책에서도 '필요해 보이는 일'에만 몰두하는 것은 스스로 기계가 되겠다는 것과 다르지 않으며, 오히려 학업이나 업무를 수행하는 데 있어서의 집중력을 떨어뜨린다고 강조한다. 더불어 영화감독 티퍼니 쉴레인Tiffany Shlain, 아마존의 CEO 제프 베조스Jeffrey Preston Bezos 등이 창조를 위해 일부러 불필요한 시간을 갖는다고 소개했다. 오버씽킹을 경계하기 위해 반드시 즐거운 일에 몰입하는 시간을 가져야 한다는 말과 같다.

내가 한눈팔기에 처음 눈을 뜨기 시작한 계기 역시, 어찌 보면 아주 사소한 것에 한눈을 팔면서 오버씽킹이 멈춰지는 경험을 하면서부터다. 한참 회사에서 일과 상사 때문에 스트레스를 받고 있을 무렵, 출근해야 하는 아침이 오는 게 싫었고 퇴근 후 집에 와서는 회사에서 있었던 기분 나쁜 일들을 곱씹으며 멍하니 TV를 응시하곤 했다. 오죽하면 회사사람들에게 쫓기는 꿈까지 꾸었다. '스트레스를 받지 말자', '즐겁게 일해보자' 하는 마인드컨트롤만으로는 쉽게 변하지 않았다. 오히려 그런 결심을 했다가 뜻대로 잘 안 될 때의 좌절감이 더 컸다.

그런데 뜻밖의 행동에서 해결책을 찾았다. 1,000피스짜리 퍼즐 맞추기. 사실 내가 어린아이들이 가지고 놀 법한 퍼즐을 내 돈 주고 샀다는 것 자체가 전에 없던 놀라운 일이었다. 당시 나는 일 또는 자기계발에 도움이 되는 일, 소위 '쓸모 있는 일'을 해야지, '쓸모없는 일'에 눈 돌리면 안 된다는 생각이 강했다. 전형적으로 한 우물에 집중하는 사람이었던 것이다. 그런 내가 퇴근 후 혼자 방안에 앉아 음악을 틀고 퍼즐을 한 조각 한 조각 맞춰가기 시작했다. 문득 내 모습을 보며 '이게 뭐하는 거지' 싶기도 했지만, 이내 조금씩 형체를 드러내는 그림을 보며 수백 개의 퍼즐 조각들 사이에서 내게 필요한 조각을 찾는 것에 집중했다.

사실 퍼즐을 한번 맞춰보겠다고 결심하게 된 건, 차분하게 앉아 퍼즐을 맞추다보면 현재의 문제에 대한 생각을 더 깊이 있게 하는 데 도움이 되지 않을까 하는 생각에서였다. 퇴근 후에까지 TV 앞에 앉아 회사 생각을 하며 투덜거리는 것보다는 정신을 가다듬고 차분히 퍼즐을 맞추다 보면 지금까지와 다르게 긍정적인 방향으로 생각이 전환되지 않을까 싶었다. 그런데 실제로 퍼즐을 맞춰보니 경험하게 되는 건 무념무상. 말 그대로 아무 생각이 없었다. 그냥 퍼즐을 맞추는 자체에 집중하는 것이었다. 이틀 정도 됐을 때 기대와 달리 아무 생각이 안 드는 걸 보고, 퍼즐은 바로 내가 쓸모없다고 생각하는 일의 범주에 드는 활동이라는 걸 인지했지만 '어라? 재미있네'라는 생각에 멈추지 않고 계속했다. 점점 하나의 그림이 완성되어가는 걸 눈으로 보는 게 얼마나 뿌듯하던지. 완성하는 날을 손꼽아 기대하며 하루하루 퍼즐 조각을 맞춰나갔다.

그런데 신기하게도 퍼즐을 맞춰나가다 보니, 그동안 나를 괴롭히던 회사 스트레스들이 눈에 띄게 줄어든 걸 알 수 있었다. 집에서 회사생각을 하는 시간도 줄었고, 부정적인 방향으로 흘러가던 생각들이 객관적으로 자리를 잡아가고 있는 것이 느껴졌다. 1,000피스 퍼즐 다음으로 시도한 컬러링북 역시 마찬가지의 효과가 있었다. 이러한 활동들을 통해 나는 처음으로 한눈팔기의 재미에 눈뜨게 되었다.

여러 조각의 퍼즐을 맞춰 그림을 완성하는 퍼즐 맞추기, 주어진 밑그림에 자기 스타일대로 색을 칠하는 컬러링북, 주어진 순서대로 점선을 이으면 그림이 완성되는 점 잇기 등 어린 시절 놀이와 유사한, 다소 쓸모없는 듯 보이는 활동에 몰입하는 것들이 최근 안티 스트레스 취미로 각광 받는 데는 분명 이유가 있다.

'몰입'은 어떤 활동에 집중하거나 심취할 때 일어나는 무아지경의 상태를 말한다. 미국의 심리학자 칙센트미하이Mihaly Csikszentmihalyi 교수는 몰입할 때의 느낌이 삶이 고조되는 순간에 물이 흐르는 것처럼 행동이 자연스럽게 이루어지는 느낌과 같다고 하여, 몰입을 '플로우flow'라고 불렀다. 칙센트미하이는 "몰입한 상태에서 활동할 때는 몇 분 동안에 몇 시간이 흐른 것 같고, 어떤 때는 몇 초가 영원처럼 느껴지기도 한다"며 몰입상태에 빠지면 극도의 효율성이 발휘된다고 하였다.

몰입에 빠져들면 정신은 또렷해지고 기분이 좋아지면서 스트레스가 완화된다. 경험 그 자체가 자기 자신을 잊을 정도로 즐겁기 때문에 힘든 것도 모르고 웬만한 고생도 감내하며 그 행위를 계속한다. 그렇다면 본업인 일에 몰입하면 되는 것 아니냐고 반문할 독자도 있을 것이다. 즉 한 우물에 몰입하는 것과 뭐가 다르냐는 말이다. 물론 일에 몰입하면서 행복을 느낄 수도 있다. 하지만 일의 영역에서는 나 스스로 컨트롤 할 수 없는 부분이 많다. 회사 일이라는 것이 혼자서 하는 일이 아니기 때문에 상사와의 관계, 회사의 방침, 동료들과의 협업, 상황적 변수 등을 내가 어찌할 수 없고, 그로 인해 예상치 못한 스트레스나 갈등이 발생할 수 있다. 또한, 아무리 일을 열심히 했더라도 일의 성과에 따라 기분, 만족도 등이 좌지우지될 수 있다.

온전히 내가 컨트롤 할 수 있는 나만의 우물이 있어야, 내가 어찌할 수 없는 일에서 받는 스트레스로 인해 지친 마음을 달랠 수 있다. 그래서 일이 아닌 다른 일에 한눈팔 것을 권하는 것이다. 다른 사람이 보기에 대단하지 않고, 작고 사소해 보일지라도 나를 즐겁게 해주는 대상이면 된다. 취미를 갖는 것은 오롯이 나만이 컨트롤 할 수 있는 우물을 갖는 첫걸음이기에 적극적으로 권장한다. 즐거운 일에 몰입하는 경험이 쌓일수록 자신감과 행복은 커지고, 평소에는 생각할 수 없었던 창의적인 아이디어도 떠오른다.

## 직업병을 버려야 아이디어가 떠오른다

구글에는 '20% 시간 프로젝트'라는 사내정책이 있다. 엔지니어들은 근무시간의 20%를 자신이 현재 맡고 있는 주 업무와 상관없는,

그냥 하고 싶은 것을 자유롭게 하며 보낸다. 구글이 지닌 창의성의 핵심은 '자유'라는 한 단어로 요약될 정도다. 업무와 관계없는 일을 하는 시간을 갖는 것이 오히려 새로운 아이디어를 떠올리는 데 도움이 된다는 경영진의 마인드 덕분이다.

실제로 이러한 정책은 긍정적인 효과가 있는 것으로 입증됐다. 20% 시간 프로젝트를 통해 구글 검색창의 자동완성Google Suggest 기능, 구글 나우Google Now, 구글 지도Google Map의 이동정보, 구글 아트Google Art 등 다양한 아이디어들이 개발되었다고 하니 말이다. 미국 구글 본사에서 혁신 창의성 프로그램을 담당하는 프레더릭 페르트Pferdt 총괄은 "구글의 '20% 시간 프로젝트'는 사람은 누구나 좋아하는 일을 할 때 가장 잘할 수 있다는 생각에서 시작된 것"이라고 설명했다. 우리나라에서는 아주 가끔 비슷한 사례를 가진 기업들이 별난 기업으로 소개될 때가 있다. 하지만 대부분의 사람에게 더 익숙한 건 바로 아래와 같은 사례일 것이다.

"앗, 직업병인가 봐."

같은 현상을 보고도 사람마다 다른 시각과 해석이 존재한다. 나이, 학력, 살아온 환경, 성격 등 다양한 요인의 영향을 받겠지만, 직업 역시 큰 비중을 차지한다. 한 요리사는 어떤 사람이 큰 배낭을 메고 걷다가 넘어진 걸 보고 초밥이 생각났다고 하고, 어떤 가수는 누가 요리하는 소리를 들으면 그 소리가 음악적으로 들린다고 TV에서 우스갯소리로 얘기하기도 했다. 주변에서도 한 은행 직원은 임신한 직장 동료에게 "출산예정일이 언제니?"라고 묻는다는 게 "아기 만기일이 언제니?"라고 물었다고 하고, 출판사 편집자는 지인들과 메신저를 하다가 맞춤법이 틀리면 바로잡아줘야 직성이 풀린다고 한다. 이렇게 웃고 넘어갈 에피소드들도 있지만, 방송인들은 공황장애, 사무직 직원들은 일자목, 터널증후군, 교사들은 성대 결절, 하지정맥류 등 심각한 고충을 토로하기도 한다.

많은 사람이 이런저런 직업병에 대해 '어쩔 수 없지'라며 알고도 대수롭지 않게 넘어가거나, "내가 이렇게 열심히 일하는 사람이야" 하며 어깨에 힘을 잔뜩 주고 자랑하듯 말한다. 하지만 '직업병'은 대수롭지 않게 넘길 게 아니다. 직업병의 단서가 포착됐다면, 한 우물만 파느라 혹시 나도 모르게 생긴 고정관념과 획일적인 생각에서 내가 벗어나지 못하고 있지는 않은지 경계해야 한다.


인지심리학의 대가로 손꼽히는 미시간 대학 경영대학원 칼 웨이크Karl Weick 교수는 투명한 유리병에 꿀벌과 파리를 각각 여섯 마리씩 넣고, 병을 눕혀놓았다. 그리고 병의 밑면을 빛이 들어오는 창문 쪽을 향하게 하고 병의 입구는 상대적으로 어두운 환경을 만들었다. 지능만으로 보면 벌이 파리보다 상대적으로 더 높다고 하는데, 오히려 출구를 찾아 병 속을 탈출한 건 벌들이 아닌 파리들이었다.

대부분의 곤충이 빛을 향해 날아다니는 특성이 있다. 꿀벌은 기존에 하던 생각대로 밝은 빛을 쫓다 보면 유리병 밖으로 나가는 출구가 있을 거라 믿고, 밝은 곳을 향해 있는 병의 막힌 부분으로만 돌진한 것이다. 결국 벌들은 끝까지 병을 탈출하지 못하고 죽었다. 반면 파리는 빛에 연연하지 않고 사방으로 날아다니고 이리저리 부딪히며 시행착오를 거친 끝에 입구를 찾아 병에서 탈출할 수 있었다.

꿀벌은 자유롭게 날아다니던 환경에서 벗어나 유리병이라는 새로운 환경에 처하게 되었음에도 불구하고 익숙한 한 가지 방식과 지식만을 고집하다가 끝내 유리병에서 나오지 못했지만, 파리는 한 가지 생각에만 얽매이지 않고 다양한 방법을 시도한 끝에 탈출할 수 있었다.

우리는 익숙한 경험에서 학습한 지식과 사고방식을 통해 그동안 겪은 유사한 상황과 문제들은 빠르게 해결할 수 있다. 하지만 새로운 상황과 문제에 직면했을 때는 기존의 사고방식만으로는 해결이 불가능하다. 전통적인 사고방식에서 벗어나 새롭고 독창적인 생각을 만들어내는 능력, 즉 창의력을 발휘해야 한다. 앞에서도 강조한 바 있는 것처럼 한 우물에만 집중해서는 창의력이 떠오르기 어렵다. 그럼 한 우물만 파기도 힘든데 도대체 얼마나 많은 우물에 한눈팔아야 번뜩이는 아이디어가 떠오르는 거냐고, 한숨부터 내쉬는 분들도 분명 있을 것이다.

먼저 전혀 부담감을 갖지 않아도 된다는 말부터 하고 싶다. 우물을 몇 개나 파느냐가 중요한 게 아니다. 다른 우물을 파지 않아도 된다. 일단 한 우물에만 쏟았던 관심과 노력을 멈추는 시간을 가져보는 것만으로도 머릿속 깊은 어딘가에 갇혀있던 창의력이 살며시 고개를 들기 시작할 것이다. 한 우물에 대한 집중을 다른 곳으로 분산하기 위해 차라리 그냥 '멍 때리기'도 방법이다.

앞서 취미에 몰입해보라고 권했는데, 취미를 통해 무언가에 몰입하는 행위가 우리 뇌에는 멍 때리기와 같은 효과를 발휘한다는 분석도 있다. 일반적으로 멍하니 있을 때 우리 뇌 역시 아무것도 하지 않고 쉬고 있을 거로 생각하기 쉽지만, 소위 멍 때릴 때 '디폴트 모드 네트워크default mode network'라는 뇌의 특정한 부위가 활성화된다.

독일의 과학 전문기자 울리히 슈나벨Ulrich Schnabel은 그의 저서인 『행복의 중심, 휴식Muße』에서 우리가 외부 활동을 멈추면 "뇌는 신경세포인 뉴런들을 새롭게 정비하고 기억을 분류하며 배운 것을 처리해 자기 것으로 만드는 과정에서 디폴트 네트워크가 활성화한다"고 분석했다. 특정 과업에서 벗어나 별생각 없이 있으면, 내면의 지식, 오래전에 갖고 있던 지식, 잠시 스쳐 지나가며 얻었던 지식이 이 과정에서 예기치 못하게 튀어나오며 창의적 생각으로 연결된다는 것이다.

예전에 방송을 하던 시절, 나는 매일매일 새로운 아이템을 발굴해내야 하는 고충에 시달렸다. 까딱 신경을 좀 못 썼다 싶으면 다음 날에 방송할 아이템을 하루 전날까지 찾고 있는 최악의 상황이 벌어질 때도 있었다. 아이템을 결정해야 섭외도 하고, 인터뷰도 하고, 원고도 쓸 텐데, 시간이 촉박해지면 빨리 생각해내야 한다는 압박감에 시달려 오히려 좋은 아이템이 떠오르지 않았다.

그런데 가끔 버스를 타고 가다 보면 신기한 경험을 할 때가 있었다. 창밖을 내다보며 그냥 아무 생각 없이 멍 때리고 있다 보면 생각지도 못한 참신한 아이템이 떠올라 깜짝 놀랐던 경험이 한두 번이 아니다. 그래서 나는 버스에서 멍 때리는 시간이 좋았다. 그런데 언제부턴가 멍 때리는 시간이 턱없이 줄었다. 생각해보니 그 시간을 채운 것은 다름 아닌 스마트폰이었다. 버스에서, 지하철에서, 하물며 신호등 불이 바뀌길 기다리는 잠깐의 순간까지도 우리는 스마트폰을 손에서 놓지 못한다. 이것저것 검색을 하거나 포털 사이트 메인에 뜬 글들을 읽기에 바쁘다. 각종 SNS 알람, 쇼핑 앱의 할인정보, 뉴스 알림 등 내 손 안의 디지털 세상에서는 나에게 끊임없이 관심을 가져달라며 아우성 친다.

지난 2014년 10월 우리나라에서 세계 최초로 멍 때리기 대회가 열린 데 이어, 지금까지 대회가 지속되고 있는 것은 그만큼 많은 사람의 뇌가 쉬지 못하고 혹사당하고 있음을 보여주는 것 아닐까? 당시 기사를 통해 본 대회 참가자들의 인터뷰가 역시 인상 깊었다. 시합의 승패와 관계없이 많은 참가자가 "아무것도 안 할 수 있는 소중한 기회를 만들어주셔서 감사하다"고 얘기했다. 뜨거운 반응에 힘입어 2015년에는 중국 베이징에서 멍 때리기 대회가 열린 데 이어, 2016년 우리나라에서도 다시 멍 때리기 대회가 이어졌다.

그만큼 그저 아무 생각하지 않고 멍 때리는 시간이 더욱 소중해진 것이다. 고대 수학자 아르키메데스가 목욕하며 멍 때리는 시간을 갖다가 부력의 원리를 발견하고, 뉴턴이 사과나무 밑에서 멍 때리다 떨어지는 사과를 보고 중력의 원리를 발견하지 않았는가.

일에서 벗어나, 평소 하고 싶은 일을 시도하거나 즐거운 취미에 빠져보고 또는 아무것도 하지 않고 멍 때리며 생각을 비우다 보면 세상을 바꿀 만한 대단한 원리를 발견하진 못할지라도 비교적 유연하고 창의적인 아이디어를 떠올리기가 더 수월해질 것이다.

# 작은 도전을 계속하면
# 성취감이 습관이 된다

"말이 쉽지. 그게 가능할 것 같아?"

부서 상사가 직원들에게 입버릇처럼 하던 말이었다. 팀원들과 열심히 준비했던 프로젝트를 설명하던 날, 1분 남짓 들었을까? 그는 듣는 둥 마는 둥 하더니 "그게 가능할 것 같냐"는 말을 내뱉었다. 그러고 나서 온갖 잔소리를 퍼붓는 상사의 모습을 처음 봤을 때는 꽤나 큰 충격을 받았다. 그는 직원들의 이야기는 들어볼 생각도 않고, 자신의 머릿속에 있는 생각만을 직원들에게 주입하려 했다.

이날 한 번뿐이 아니었다. 어느새 그 말이 귀에 딱지가 앉을 지경에 이르렀다. 그리고 말이 씨가 된다는 말처럼, 직원들은 점차 무언가를 잘 해내려는 의지도, 용기도 잃어가기 시작했다.

아이디어 회의 시간에는 '말을 해서 뭐하나. 어차피 상사의 생각만이 답인데' 하는 생각에 입을 꾹 닫아버렸고, 일에 대한 목표도, 방향도 생각하지 않고 그냥 그때그때 눈앞에 벌어지는 일만 처리하기 급급했다. 상사가 습관처럼 하는 말에 직원들이 느끼는 무력감도 습관처럼 익숙해진 것이다.

## 작은 도전을 반복하며 성취감을 습관으로 만들 수 있다

직장인들이 노력한 결과물에 대해 지적받거나 거절당하는 경험이 반복될 때, 좌절감과 무력감에서 헤어 나오기 쉽지 않다. 이처럼 반복적인 좌절을 경험하는 것을 심리학에서는 '학습된 무기력learned helplessness' 상태라고 한다.

학습된 무기력에 대한 심리학자 마틴 셀리그먼Martin Seligman의 실험을 살펴보자. 세 집단으로 분류한 개들을 모두 높은 벽으로 둘러싸인 공간에 가둬두었다. A, B 집단의 개들이 있는 공간의 바닥에서는 전기충격이 가해지는데, A 집단의 개들은 코로 스위치를 누르면 전기충격을 멈출 수 있고, B 집단의 개들은 어떠한 행동으로도 전기충격을 멈출 수 없다. 그리고 C 집단의 개들에게는 전기충격을 가하지 않았다. 세 집단의 개들은 이러한 환경에서 24시간을 보낸 후 다른 공간으로 옮겨졌는데, 그곳은 바닥에서 전기충격이 가해지지만 낮은 담을 넘기만 하면 전기충격을 피할 수 있는 공간이었다. 새로운 공간에 옮겨진 개들은 각 집단에 따라 각기 다른 행동을 보였다.

코로 스위치를 눌러 전기충격을 멈추는 경험을 했던 A 집단의 개들과 전기충격을 받지 않았던 C 집단의 개들 대부분은 담을 넘어 전기충격에서 벗어났다. 그러나 어떤 행동으로도 절대 전기충격에서 벗어날 수 없었던 B 집단의 개들은 전기충격을 피하려는 의지 없이 그냥 구석에 웅크리고 전기충격을 온몸으로 받아들이고 있었다. B 집단의 개들은 지난 경험을 통해, 아무리 노력해도 어차피 상황을 극복할 수 없을 거라는 무기력을 학습한 것이다.

많은 직장인이 회사생활에서 비슷한 경험을 한다. 일은 '즐겁게'가 아니라 '어쩔 수 없이' 하며, 상사는 '좋은 선배'가 아닌 '피도 눈물도 없는 상사'일 뿐이라는 걸 실감하고, 일하면서 보람보다는 무력감을 느낀다. 입사 초 꽃같이 밝은 방긋방긋한 웃음을 보이던 직원들의 얼굴은 어느덧 시간이 지나면서 시들어버리고, 표정 없이 굳어버린 얼굴만 남게 되는 것을 어렵지 않게 볼 수 있다.

무력감과 좌절감에 빠져 '직장생활을 계속 해야 할까?' 고민하면서도, 어쩔 수 없이 대부분의 직장인은 "월급에는 욕먹는 값까지 포함되어 있다더라", "먹고 살려면 할 수 없지", "하고 싶은 일을 하면서 사는 사람이 얼마나 되겠냐"는 등의 말로 자신을 위로하며, 수많은 스트레스와 감정을 억누르고 산다. 물론 직장생활이 어떻게 늘 즐겁고, 하고 싶은 일만 할 수 있겠는가? 하지만 이렇게 무력감과 좌절감을 느끼며 성취감 없는 삶을 살아가는 것이 얼마나 위험한 것인지를 스스로 인지할 수 있어야 한다.

살면서 스스로가 유능하다는 기분과 성취감을 적게 느끼는 경우, 무기력해지고 쉽게 좌절하게 된다. 심리학자 칙센트미하이는 그의 저서에서 "가장 알차게 보냈던 순간, 일을 하면서 가장 큰 보람과 즐거움을 느꼈던 순간을 생각하면, 역시 자신이 갖춘 실력을 모두 쏟아부어 어려운 일을 해냈을 때라고 할 수 있다"며, "이 성취감은 기억에 두고두고 남아 다시 한 번 그런 경험을 해보고 싶다는 욕구를 불러일으킨다"고 말했다. 곧 성취감은 우리가 인생을 열정적으로 살게 만드는 원동력이 된다.

히말라야 등반에 성공한다거나, 국내 무전여행을 다녀온다거나, 5개 국어를 마스터 하는 등 엄청난 노력을 기울여 누구도 쉽게 해낼 수 없는 일들을 해내야만 성취감을 느낄 수 있는 것은 아니다. 하고 싶은 일을 누구의 눈치도 보지 않고, 마음이 시키는 대로, 하고 싶을 때까지, 후회 없이 즐겁게 하다 보면 나도 모르는 사이 분명 느끼게 되는 것들이 있다. 가장 큰 것이 성취감과 만족감이다. 본업 외에 다양한 곳에 한눈팔며 성취감을 느낄 기회를 많이 만들다 보면 마치 마약과도 같은 성취감의 중독성에 빠져들게 된다.

## 성취감이 습관이 되면 자존감과 자신감도 높아진다
나는 워낙 어렸을 때부터 하나의 꿈만 바라보며 한 우물만을 파왔기에 그 우물의 물이 말라버렸을 때, 내가 들어가서 마음의 위안을 느낄 안정적인 우물은 어디에도 없었다. 나는 오래도록 꿈꿔왔던 직업으로부터 거절당했다는 좌절감, 차선책으로 선택한 회사 생활에 대한 불만족 때문에 점점 위축됐다.

그런데 한눈을 팔게 되면서 여러 우물에서 크고 작은 성취의 경험들이 쌓여갈수록 나에 대한 자존감도 높아지고 회사생활에 대한 만족도와 성과 또한 높아졌다. 혼자서 내레이션을 틈틈이 연습하다가 시각장애인을 위한 오디오북 만드는 일에 참여하게 되었을 때 나의 목소리가 누군가의 눈이 되어줄 수 있다는 사실에 감격스러웠고, 사진을 배우던 중 때마침 가게 된 홍콩여행에서 만족할 만한 사진을 찍어왔을 때는 사진을 벽에 붙여두고 시선이 머물 때마다 바라보는 것만으로도 배시시 웃음이 나왔다. 또 주 3회 점심시간마다 회사 앞 학원에서 피아노를 배울 때는 업무를 하면서도 나도 모르게 멜로디를 흥얼거렸고, 3주 만에 한 곡을 완곡했을 때는 마치 큰일이라도 해낸 것처럼 기분이 좋았다. 퇴근 후 한 조각 한 조각 맞춰나가기 시작한 1,000피스짜리 퍼즐을 완성했을 때는 이게 뭐라고 이렇게 좋을까 싶으면서도 너무나 뿌듯했다.

별것 아닌 것 같지만 열심히 한눈팔고 그 결과로 얻게 된 결과물을 만났을 때, 성취의 경험들은 마음속 저 깊은 어딘가에서 잠자고 있던 자신감과 자존감을 끌어올려 주었고 덕분에 나는 서서히 변해가는 내 모습을 만나게 되었다. 이렇게 하나둘씩 다른 일에 몰두하면서 기분 좋은 성취감을 느끼자, 이내 뭐든 할 수 있다는 자신감과 함께 예전에는 할 수 없어 보였던 일들도 '할 수 있게 만들면 되지'라는 긍정의 힘이 샘솟기 시작했다. 그리고 회사 일을 할 때도 기분 나쁜 일은 전보다 빨리 훌훌 털어버렸고, 예전 같으면 시작 전부터 주춤거렸을 어려워 보이는 일에도 '한번 해보면 되지'라는 자신감이 생겼다.

한눈팔기를 통해 충전한 자신감과 자존감은 본래 가지고 있던 중심우물을 더욱 열심히, 끈기 있게 팔 수 있도록 만드는 에너지를 제공한다.


최근 건담 프라모델 조립에 한눈팔고 있는 직장인 H 씨는 퇴근 후 집에서 1~2시간 정도 건담 조립에 집중한다. 일본의 대표적인 애니메이션 '건담 시리즈'에 나오는 로봇들을 프라모델로 만드는 것인데, H 씨 역시도 한때 이 같은 활동이 철없는 어른들의 킬링타임용 취미라고 생각했었다. 그런 그가 건담에 빠져든 이유를 물으니, "조립을 하다 보면 성과가 금방금방 눈에 보이기 때문에 성취감도 생기고, 덕분에 일할 때도 건담을 조립할 때의 경험을 떠올리며 좀 더 긍정적인 마인드를 갖게 된다"고 답했다.

건담 프라모델 만들기의 매력은 같은 제품을 가지고도 각자의 취향을 반영해 색다른 작품을 만들 수 있다는 것이다. 구매하면 들어 있는 플라스틱 부품 하나하나만 뜯어내 조립해도 그럴듯한 완성품이 만들어지지만, 만들다 보면 점점 더 욕심이 생기는 게 사람 마음인지라 단순 조립 이상의 작업에 손을 대게 된다. 그러면 나름 전문 영역에 들어서는 것이다. 수십 개에서 수백 개의 부품들 하나하나를 꼼꼼하게 다듬는 것부터 시작해서 하나하나 색칠하고, 먹선을 넣어 음영을 표현한다. 나중에는 스토리를 짜서 스토리의 한 장면을 연출하기 위해 건담과 배경을 상황에 맞게 꾸며내기에 이른다. H 씨는 "정교하고 세심한 과정 하나하나에 정성을 들이다 보면 어느덧 멋진 완성품이 만들어지는데, 남들과 다른 세상에 하나뿐인 나만의 완성품을 갖는다는 성취감은 말로 다할 수 없이 좋다"고 말한다.

일이든 공부든 우리는 저마다 자신이 맡은 일에 이런저런 노력을 기울이지만, 그에 따른 문제가 잘 해결되지 않아 오랜 시간 골머리를 앓거나, 예상과 달리 성과가 더디거나 성공으로 이어지지 않아서 지치고 좌절하는 경우가 있다. 결과적으로는 잘 해나가고 있다 할지라도 과정상 결과물이 바로바로 눈에 보이지 않다 보니 매 순간 성취감을 느끼기보다는 걱정과 불안, 피로에 찌든 삶을 사는 것이다.

그런데 H 씨는 건담을 조립하다 보면, 일할 때와는 다르게 어제는 다리, 오늘은 팔을 만들었다는 결과물이 눈앞에 바로바로 보여 뿌듯함을 느낄 수가 있고, 단순 조립부터 부품에 먹선을 넣고 색을 칠하기까지 노력을 기울여 완성품을 만들어내면 마치 큰일이라도 해낸 것처럼 온몸을 감싸는 성취감에 휩싸여 기분이 좋아진다고 했다. 그래서 그는 자신이 조립한 건담 하나를 회사 책상 위에 올려놓고, 업무가 힘들 때마다 건담을 하나하나 조립하면서 느꼈던 성취감을 떠올린다. 그에게는 건담이 언제 어디서든 '성취감'을 떠올리게 만드는 심볼이 된 것이다. 프라모델 조립뿐만이 아니라, 누군가는 배드민턴을, 또 다른 누군가는 그림 그리기를 통해 자신만의 목표와 페이스에 맞춰 한눈을 팔고, 그 과정에서 분명히 일할 때보다 몇 배는 더 강한 보람과 성취감을 느낀다.

사실 하고 싶은 일에 한눈판다고 해서 늘 즐겁고 성공적인 것은 아니다. 생각보다 발전 속도가 더디기도 하고, 기술을 더 발전시키기 위해서는 여러 번 실수를 겪기도 하고, 때론 슬럼프에 빠지기도 한다. 하지만 진짜 좋아하는 일이라면, 힘든 과정도 결국 이겨낸다. 본래 가지고 있던 중심우물과 한눈파는 우물의 차이점이 바로 여기에 있다. 중심우물을 파면서 겪는 역경을 이겨내기 위해서는 한눈 팔 때의 어려움을 극복하는 데 필요한 에너지보다 몇 배 더 많은 에너지가 필요하다. 에너지가 방전돼 주저앉아버릴 확률도 더 높다. '좋아하고 하고 싶은 일'과 '해야만 하는 일'의 차이인 것이다. '진짜 좋아하는 일'에서 실패도 하고 성공도 하며 긍정적인 힘을 충전해야 '해야만 하는 일'을 더 잘해낼 수 있는 에너지가 생긴다.

성취 경험이 하나둘 반복될수록, 우리는 스스로 꽤 괜찮은 사람이며 성장하고 있다는 느낌을 받는다. 그래서 일을 하는 데 있어 성취감은 굉장히 중요하며 회사생활을 이어가는 원동력이라고 해도 과언이 아니다. 그런데 아이러니하게도 회사생활을 하면서 성취감이 온몸을 휘감는 짜릿함을 경험하는 사람은 많지 않다. 나름 규모 있는 중요한 프로젝트를 성공적으로 끝마친 동료에게 "수고했어, 고생 많았지"하고 말을 건네자, 그는 "응 고생했지. 근데 나한테는 보람이고 뭐고 아무것도 남은 게 없어"라고 말했다. 그 말이 무슨 말이고, 어떤 감정인지 알 것 같아 그냥 어깨만 토닥여줄 수밖에 없었다.

성취감이라는 것은 스스로 목적한 바를 이룰 때 느끼는 감정이다. 회사가 제시하는 광범위하고 모호한 목표하에서 직원은 자신이 맡은 바 업무를 충실히 해내더라도 정작 그로 인해 어떤 변화, 성과가 나타나는지 알지 못해 성취감을 느끼기 어려운 경우가 많다. 또한 일의 주체로서 자발적으로 일할 수 있는 자율성을 상실한 채 주어진 일만 수행하다 보면 업무목표를 달성했다 할지라도 성취감을 느끼기가 어렵다. 실제로 많은 직장인이 자신이 하는 일이 팀 또는 회사의 목표에 어떻게 기여하는지 뚜렷이 알 수가 없다고 말하고, 새로운 아이디어를 내면 시키는 일이나 잘하라고 핀잔을 듣기 일쑤라고 털어놓는다. 이런 상황에서 과연 한 우물을 깊이 있게 팔 수 있을까? 해야 하니까 꾸역꾸역 우물을 계속 파고는 있지만 성취감, 자발성이 부족한 상황에서는 지금 파고 있는 그 우물에서 자신만의 경쟁력을 갖추기는 어렵다.

그래서 일에서만은 느끼기 힘든 성취감을 다른 우물에서 보충해 와야 한다. '건담 프라모델'이란 새로운 우물을 파며 성취감을 지속적으로 느낀 결과, 일이란 본래의 우물에서도 재미와 만족감을 느끼며 충실히 우물을 파고 있는 H 씨처럼 말이다. 성취감의 크기가 중요한 것이 아니다. 무언가에 몰입해 나 자신조차 잊을 정도의 무아지경과 그로 인한 성취감을 느껴본 사람은 그로 인해 얻은 자신감과 성과, 즐거움을 그 우물에서만이 아니라 다른 우물에도 적용할 수 있다. 머리가 아닌 온몸으로 경험하고 느껴봤기에 가능한 일이다.

또한, 비록 작고 사소한 것에서 느끼는 성취감일지라도 우리 뇌에는 좋은 피로 회복제가 된다. 하루하루 힘들고 짜증나던 일상도 도파민과 세로토닌이 넘치는 가슴 설레는 삶으로 바뀌면서, 중심우물을 더 열심히 팔 수 있는 끈기와 에너지를 보충하는 것이다.

단, 일과 한눈팔기 두 가지 영역의 우물을 모두 잡기 위해서는 한 가지 규칙을 염두에 두자. 철저히 '일과 한눈팔기를 분리한다'는 규칙이다. 그 시작은 일하는 공간과 취미를 즐기는 공간의 분리다. 일은 회사에서, 취미는 집 또는 그에 맞는 공간에서 즐겨야지 각각의 공간에 서로 다른 우물을 끌고 들어온다면 서로에게 방해가 된다. 일하는 시간, 일에 집중해야 할 기간에는 최선을 다해 일하고, 나머지

시간은 한눈을 팔며 일상을 풍요롭게 만들고 마음을 즐겁게 가다듬는 데 쓰는 것이다. 그래야 하고 싶은 일을 토대로 다른 우물을 발굴하고 팔 수도 있고, 본래 가지고 있던 우물에 충실하면서 긍정적인 영향을 미칠 수도 있다.

직장에서 성공했거나 또는 성공하고 싶은 사람일수록 일 중독 성향을 보이며, 늘 수많은 걱정과 불안으로부터 자유롭지 못하다. 그러나 일 중독자와 일을 잘하는 사람은 다르다. 일 중독자는 대부분 일을 손에 붙잡고 있는 시간이 길면 길수록 내가 일을 열심히 한다고 생각한다. 하지만 일을 잘하는 사람은 일하는 시간이 아니라 일의 질과 효율성을 생각한다. 두 사람의 업무 시간의 총량은 일 중독자가 더 많을지 모르지만, 일에 대한 걱정과 오버씽킹에 낭비하는 시간을 제외하면 일 중독자가 실제 일에 집중하는 시간은 오히려 일을 잘하는 사람보다 적을 수 있다.

잘 생각해보자. 우리는 일을 잘하고 싶은 것이지, 일을 오래 하는 사람이 되고 싶은 것은 아니지 않은가? 일터에서 보내는 시간이 길어야 그 우물이 깊어지는 것은 아니다. 무기력감 때문에 삽을 든 팔에 힘이 들어가지 않는다면, 다른 우물을 파며 느끼는 보람과 성취감이 다시 팔에 힘을 불어 넣어줄 수 있다는 걸 기억하자.

# 한눈파는 시간에 만나는
# 진짜 나의 모습

하버드대 진학을 앞둔 버락 오바마Barack Obama 전 대통령의 딸 말리아Malia Obama가 입학 전 1년간의 갭이어Gap Year 기간을 갖는다고 알려져 화제가 됐다. 갭이어는 원래 영국에서 대학 진학을 앞둔 학생들이 입학 전에 여행이나, 봉사활동, 인턴십 등 다양한 경험을 쌓으며 진로를 탐색하는 기간을 일컫는 말이다.

최근 우리나라에도 '갭이어족族'이란 말이 등장했다. 퇴사한 후 자아自我 발견을 위해 잠시 쉬는 기간을 갖는 사회 초년생들을 가리키는 말이다.

갭이어 프로그램을 운영하는 한 한국 업체에 따르면, 해당 업체가 운영하는 프로그램에 참여한 사람은 2013년 900여 명에서 2014년 1,900여 명, 2015년 대략 2,560명으로 급격한 증가를 보였다고 한다.

또한, 3년 전에는 대학 휴학생이나 취업 준비생이 주된 등록자였지만, 지금은 직장을 그만둔 사회초년생들도 30% 가까이 된다고 한다. 업체를 통하지 않고 스스로 계획해 다양한 경험을 시도하는 이들까지 포함하면 갭이어족은 한 해 1만 명 이상에 달할 것으로 예상할 수 있다.

누군가가 볼 땐 뜯어말리고 싶을 정도로 무모하고, 또 다른 누군가의 시선에서는 박수쳐주고 싶을 만큼 용기 있어 보이는 청년들의 행동은 진짜 '나'를 돌아보고 싶다는 욕구에서 비롯됐다. 획일화된 입시 위주의 환경, 졸업해도 갈 곳이 없는 극심한 취업난, 취업 후에는 밥 먹듯이 하는 야근과 뒤처지면 안 된다는 강박감에 사로잡혀 사는 20~30대 젊은이들. 사회의 요구대로, 부모의 바람대로 살던 청년들이 "계속 이렇게 살아도 되는 걸까?"라고 자신에게 질문을 던지고, 답을 찾아 나선 것이다.

부모님의 강요, 사회의 시선에 따라 가면을 쓴 채 스스로도 진짜 자신의 모습을 들여다볼 수 없었던 젊은이들이 진짜 '나', '자아'를 발견하기 위해 무작정 해외로 여행을 떠나거나, 사막 마라톤과 같은 극한의 상황에 자신을 몰아넣기도 하고, 그간 하던 일과 전혀 다른 새로운 분야의 기술을 배우기도 한다. 타인의 시선과 기준에서 벗어나 하고 싶은 일에 자신을 내던지며 그간 소홀했던 자기 자신의 마음을 읽고 있는 것이다.

지금까지 제대로 삶을 돌아볼 여유가 없었던 젊은이들이 내면의 목소리에 집중하기 시작했다는 건 분명 환영할 만한 일이다. 하지만 그러한 시간을 갖는다는 명목으로 현재를 다 버리고 아예 새로운 것에서 답을 찾는 것은 사실 위험부담이 매우 크다. 갭이어 후 연봉은 줄더라도 만족도가 높은 직장에 재취업을 하기도 하고, 전혀 새로운 분야의 일을 시작하는 등 잃어버린 자존감을 회복하고 원하는 삶의 방향을 찾게 되는 긍정적인 경우도 있지만, 반대로 재취업이 어렵거나, 막상 갭이어 기간을 무의미하게 보내는 경우도 적지 않기 때문이다.

좋은 음식이라고 해서 한꺼번에 과식하면 위에 부담이 되고 별 효과를 보지 못하듯이, 자기를 돌아보는 시간 역시 한 번에 몰아서 가지기보다는 평소에 조금씩, 일상의 한 부분으로 만드는 것이 더 효과적이다. 그래서 평소에 한 우물에만 집중하지 말고, 내면의 소리에 귀를 기울이면서 다른 우물을 발굴하고 과감히 삽을 꽂으라는 이야기를 하고 있는 것이다.

한눈을 팔기 위해서는 우선 '나' 자신에게 집중해야 한다. 마음의 소리를 듣지 않고 무작정 남이 좋다고 얘기하는 우물 또는 사회적 시선을 의식해 아무 우물에 달려들다가는 괜히 대충 한두 번 파다가 만 우물들만 잔뜩 생기거나, 스트레스를 받기도 하고 실망만 하게 될 수 있다. 꼭 한번 해보고 싶고 계속 관심이 있었지만 한 우물만 파느라 포기할 수밖에 없었던 것, 성공이나 자기계발이 아닌 오직 자기만족과 재미를 불러일으키는 것, 지금 당장 하고 싶은 취미, 여행, 배움, 직업 어떤 것이든 다 괜찮다. 마음이 시키는 대로 우물에 삽을 꽂아보는 것이다.

대신 너무 성급하게, 지금 당장 대단한 변화나 결과가 있어야 한다는 생각은 버려야 한다. 자아를 찾는 일은 내면의 소리를 듣고 그에 따랐다고 한 번에 뚝딱 알아지는 것이 아니다. 예를 들어 '세계 와인 여행'을 감행해보고 싶다는 마음이 들었다고 해보자. 그렇다고 무작정 지금 당장 짐을 싸 들고 떠나야 하는 것은 아니다. 아무 준비 없이 떠나는 건 그냥 유명하다는 곳에 발 도장 찍고 오는 것과 별반 다를 바 없다. 일단 '왜 그런 마음을 갖게 됐을까?'부터 시작해서 '내 면의 욕구가 충족되려면 어떤 것을 해야 할지' 등 마음을 먼저 살피는 것이 먼저다.

계속 내면의 나와 대화를 나누면서, 각국의 와인 관련 정보, 문화, 역사 등을 책, 인터넷 등을 통해 공부하며 내 것으로 만들어야 나만의 견고한 우물이 만들어진다. 당장 회사에 사표를 던지고 해외로 나가는 것보다, 퇴근 후 한눈을 팔며 공부하고 정보를 모으면서 그렇게 차근차근 우물을 파는 과정이 더 즐겁게 느껴져야 한다. 과정을 즐기다 보면 그 시간 동안 자신에 대한 생각이 꼬리에 꼬리를 물고 들어가게 되고, 분명 자신도 몰랐던 자아와 만나게 될 것이다.

광고인 박웅현은 저서 『여덟 단어』란 책에서 '인생을 대하는 우리의 자세'라는 소주제를 가지고 여덟 가지 키워드를 제시하였다. 그중 하나가 '본질'인데, 그는 인생을 제대로 살고 싶으면 스펙 관리보다 본질을 알아야 한다고 강조한다. 기준점을 밖에 찍지 말고 본인의 안에 찍고, 언젠가 기회가 왔을 때 별을 만들 수 있도록 본질적인 것을 열심히 쌓아 두라고 하였다. 그렇다면 '좋아하고 잘할 수 있는 것이 다 본질이냐'고 반문할 독자를 위해 내가 하는 행동이 5년 후의 나에게 긍정적인 체력이 될 것이냐 아니냐가 기준이 될 수 있다고 답하며, 본질은 결국 자기 판단이기에 본인에게 진짜 무엇이 도움이 될 것인가를 중심에 놓고 봐야 한다고 설명했다.

다른 우물을 파는 것도 역시 마찬가지다. 남이 세워놓은 기준이 아닌 본인의 내면에 주목하는 것에서 시작해, 자기만족과 성장을 고려하여 우물을 파다 보면 남과 다른 자신만의 우물이 만들어진다. 시간이 지나 그렇게 파놓은 크고 작은 우물들을 들여다보면, 각각의 우물을 팔 때는 몰랐던 자기 자신에 대해 알게 된다. 박웅현이 각각의 점들을 이어 별을 만든다고 표현한 것처럼, 우물들 역시 각자의 가치관과 의식에 따라 서로 결합되고, 융합되는 과정을 거치며, 자아를 실현해나가는 데 기여할 것이다.

심리학자 에이브러햄 매슬로우Abraham H. Maslow는 '매슬로우의 인간 욕구 5단계 이론hierarchy of needs theory' 즉 인간 욕구에 관한 학설을 제안했는데, 사람은 누구나 다섯 가지 욕구를 가지고 태어나며 각각에는 우선순위에 따른 단계의 구분이 있다는 것이다. 그가 최고 수준의 욕구로 강조한 것이 바로 자아실현 욕구다. 자아실현 욕구란 개개인에게 잠재된 가능성, 재능을 표현하려는 욕구를 말하는데, 이것이 가장 상위에 있다는 것은 인간은 자아실현을 통해 최고의 역량을 발휘하고 인정받을 때 큰 행복을 느낄 수 있음을 의미한다.

　내면의 나와 끊임없이 대화하며 스스로에 대해 이해하고 자아를 실현하는 것은 행복한 삶을 위한 기본이다. 답은 내 안에 있다. 내 안에서 답을 찾고, 나를 알기 위한 노력을 멈추지 말아야 한다. 남의 눈치만 보느라 정작 자신의 내면에서 타오르는 불씨를 꺼트리지 말고, 그 불씨를 어느 우물에 불붙일 것인지 생각하자.


　손미나 전 아나운서. 돌연 여행 작가로 변신한 그녀는 이제 소설가, CEO, 번역가 등으로 불린다. 그녀가 여행지를 선택하는 기준은 한 가지라고 한다. '지금 나에게 필요한 것이 무엇인가?' 최근 다녀온 페루는 위로가 필요해서 선택한 곳이라고 한다. 아버지가 세상을 떠나고 난 뒤 방황의 시간을 보내던 중 지구 상에서 신들의 세상에 가장 가까운 나라라고 불리는 페루에 가면 맑은 기운을 얻어올 수 있을 것 같았다고…. 그녀는 낯선 곳에 자기를 던져놓음으로써 익숙한 자신을 버리고, 내면을 자세히 들여다보지 않으면 놓쳐버릴 수도 있는 자신의 진짜 모습을 마주하는 데 두려움이 없어 보인다.

한편, 7년 동안 디자인 회사에 다닌 J 씨는 퇴근 후 또는 주말이면 손이 쉴 틈이 없었다. 캔들을 만들고, 머리핀도 만들고, 손뜨개질도 하는 등 무언가 만드는 것을 좋아했기 때문이다. 만드는 것에 집중할 때면 회사에서 받은 스트레스가 싹 날아가고, 무언가를 만들다 보면 설명서 그대로 따라 하기보다 새로운 아이디어를 적용해 더 좋은 결과물을 내놓았다. 그녀는 자신이 무언가를 손으로 창조하는 활동을 할 때 즐거워하는 사람이라는 것에 주목했다. 그리고 우물이 깊어질수록 혼자만 즐기기보다 다른 사람에게 가르쳐보고 싶다는 마음의 소리가 들리는 것을 놓치지 않았다. 언젠가 때가 오면 실행에 옮기리라는 결심을 마음에 소중히 담아두었다.

그 사이 그녀는 새로운 것을 만드는 재미에 푹 빠졌다. 밀가루 대신 칼로리도 낮고 소화도 잘되는 쌀가루를 활용한 쌀베이킹을 시작한 것이다. 관련 수업을 듣고 집에 와서 수십 번 연습하고, 레시피를 조금씩 수정하며 더 좋은 맛을 찾아내려고 노력했다. 전문적으로 요리하는 사람도 아닌데 굳이 그렇게까지 노력할 필요가 뭐 있냐는 주변 사람들의 반응도 있었지만, 그녀는 본인에 대해 누구보다 잘 알고 있기에, 자신의 만족을 위해 열심히 노력했다.

그렇게 2년 정도가 지났을까? 그녀는 직장 스트레스와 결혼으로 인한 회사의 암묵적인 퇴사 권유로 회사를 그만두었다. 남들은 그녀를 걱정했지만, 그녀는 오히려 기회라고 생각했다. 아직 공방을 열 형편은 못 되고, 우선 홈 클래스를 열어 사람들을 가르치고 있다. 그녀는 배우고 싶은 것을 마음껏 배우고, 연습에 연습을 거쳐 레시피를 자신의 것으로 만든 후, 혼자 즐기는 것을 넘어 이젠 다른 사람을 가르치며 수익까지 내고 있다. 게다가 블로그를 통해 자신의 활동을 활발히 알린 결과, 많은 사람이 블로그를 통해 그녀와 소통하며 홈베이킹 수업을 신청하고 있다.

그녀는 요즘은 자신의 취향 또는 잘할 수 있는 것을 드러낼수록 기회도 많아지는 시대인 만큼, 자신이 진짜 원하는 것에 적극적으로 달려들어 진짜 나를 만나는 데 주저하지 말았으면 좋겠다고 말했다.

J 씨가 회사에 다니며 쉬는 시간에는 만들기에 심취해 있을 당시, 회사 상사나 주변 어른들은 왜 쓸데없는 데 시간을 낭비하냐며 그 시간에 일이나 더 하라고 핀잔을 주거나, "요즘 한가한가 봐?"라며 부정적으로 말하곤 했다고 한다. 아직 한눈파는 것을 일에 집중하지 않는다고 보는 시선이 있는 것은 사실이다. 그렇지만 만약 자신이 남들의 말에 휘둘려 좋아하는 것들을 멈추거나 포기했다면, 일상의 재미를 잃는 것뿐만 아니라 자아를 탐색할 기회마저 잃었을 것이라며, 그러지 않은 것이 다행이라고 그녀는 말했다.


아직 갈 길이 멀긴 하지만, 다행히 이제 사회도 우리가 각자의 취향과 개성을 드러내며 온전한 자기로 서는 것에 관대해지고 있다. 과거 우리 사회는 사람들 앞에서 자신의 개성을 드러내는 것보다는, 다른 사람과 한데 어우러져 튀지 않는 소위 '원 오브 뎀One of them'에 머무르는 것을 미덕처럼 여겨왔다. 그래서 때마다 유행하는 트렌드, 베스트셀러 등 획일화된 기준에 따르는 것에서 사람들은 안정감을 느끼고, 이러한 기준에서 벗어나는 개인의 취향이나 선호는 시대에 뒤떨어진 것, 또는 틀린 것으로까지 여겨졌다. 그러다 보니 사람들은 솔직하게 자신의 취향과 개성을 드러내지 못하고 감춰두는 게 익숙할 수밖에 없었다. 점점 진짜 자신의 모습은 드러내지 않게 되고 언제부턴가 스스로도 자신의 진짜 모습을 알지 못하게 되는 부작용까지 발생하게 되었다.

하지만 이제는 개인의 취향이나 개성을 존중하고 오히려 호기심 어린 눈으로 바라보거나, 더 나아가 새로운 아이디어로 발전될 수 있다고 보며 발전 가능성을 열어놓는 분위기다. 몇 년 전까지만 해도 '개취', 즉 '개인의 취향'을 그저 특정인의 엉뚱함으로 치부하고 무시하던 것과 비교하면 확실히 달라졌다.

한 가지 예가 바로 식품업계를 쥐락펴락하고 있는 '모디슈머'들의 개취다. 수정한다는 뜻의 모디파이modify와 소비자를 뜻하는 컨슈머consumer의 합성어인 모디슈머Modisumer. 이들은 제조사에서 제시하는 방법 그대로 제품을 활용하지 않고, 자신만의 취향이나 레시피를 활용해 자신만의 방식으로 재창조했다. 이러한 방식은 SNS를 통해 공유되어 많은 사람의 공감을 얻었고, 실제로 따라하는 사람들이 생기기 시작하면서 기업들이 아이디어를 받아들여 '불닭게티', '신짜 왕', '솜사탕주' 등의 제품을 출시하기도 했다.

물론 개취는 식품업계와 소비자들에게만 한정되지 않는다. 패션, 여행, 화장품, 공연, 커피 등 라이프 스타일 전반에 걸쳐 자신만의 취향을 자신 있게 드러내고, 독자성을 인정받음으로써 자부심을 느끼는 젊은이들이 많아졌다.

'이런 것에 한눈팔아도 될까?', '남들이 나를 어떻게 볼까?' 미리부터 걱정하지 않아도 된다. 일단 무언가에 '취향 저격' 당하면, 앞뒤 재지 말고 신나게 한눈팔아보자. 각자의 취향을 반영한 남다른 개성은 완전한 자아를 실현하고, 자신만의 독자성을 발현하는 데 도움이 될 것이다. 당신의 취향을 반영해 어떤 우물을 어떻게 인테리어 해나갈지 기대가 된다.

# 한눈파는 그 우물에서
# 숨겨진 잠재력을 발견할 수 있다

곤충학자 루이저 로스차일드Miriam Louisa Rothschild는 벼룩을 가지고 흥미로운 실험을 했다. 벼룩은 곤충 중에 가장 높이 뛸 수 있다고 알려져 있는데, 벼룩을 책상 위에 올려놓고 벼룩이 뛰어오르는 높이를 쟀더니 자기 몸길이의 무려 100배 이상이었다고 한다. 그는 이어서 뚜껑이 달린 병 안에 벼룩을 넣었다. 벼룩은 계속 뛰어올랐지만 막혀 있는 병 속에서 덮개에 계속 부딪힐 수밖에 없었다. 30분 후, 병에서 벼룩을 다시 꺼냈다. 그런데 벼룩은 처음 병 속에 들어가기 전만큼 높이 뛰어오르지 못했다. 덮개가 사라졌지만 여전히 유리병 속에 있던 때만큼밖에 뛰질 못했다.

벼룩이 뛰는 높이에 변화가 생긴 것은 '자기불구화' 현상 때문이다. 덮개로 막힌 유리병은 벼룩의 잠재의식에 영향을 주었고 벼룩은 점프할 수 있는 높이를 스스로 조절했다. 다시 말해 스스로 한계를 정해 더 높이 뛰어오르지 못하게 된 것이다. 이처럼 자신이 가진 잠재력이 본인에 의해 말살되는 것을 '자기불구화' 현상이라고 하는데, 생각보다 많은 사람이 겪고 있다.

### 숨겨진 잠재력을 발견할 수 있다

누구나 무궁무진한 잠재력을 가지고 있다. 잠재력을 발견하기 위해서는 경험을 늘려야 하는데 대부분의 사람은 한 우물만 파느라 할 수 있는 경험의 폭이 그리 넓지 않다. 에디슨은 "사람들은 누구나 자신도 모르고 있는 무궁무진한 잠재력을 가지고 있으며 직접 시도해보지 않으면 영원히 자신이 어떤 능력을 얼마나 가졌는지 모르고 살 수밖에 없다"는 말을 남겼다. 과학적으로 확실히 증명되진 않았지만, 아인슈타인 같은 천재도 10% 정도밖에 뇌의 잠재력을 발휘하지 못했다고 한다. 보통의 사람들은 고작 5% 정도밖에 사용하지 못한다.

지금까지 한 우물에만 갇혀있던 당신이 좀 더 다양한 우물에 발을 들여놓기 위해서는 용기 내 자신의 틀부터 깨야 한다. 무궁무진한 잠재력이 깨어나면 지금까지 알던 당신의 모습보다 더 발전한 자신을 만나게 될 것이다.

기억을 더듬어보니 지금의 나 역시 생각지도 않았던 다른 우물에 발을 들여놓았다가, 긍정적인 변화를 경험했다. 대학 입학과 동시에 나는 아나운서라는 꿈에 가까워지기 위해 학내 방송국에 원서부터 내려 갔다. 아나운서, 기자, PD, 엔지니어 네 개 부서로 나눠 사람을 뽑았는데, 나는 당연히 아나운서에 지원했다. 반가운 합격소식을 들었지만, 내가 원했던 아나운서가 아닌 기자로의 활동을 권유받았다. 아나운서가 되고 싶은 마음이 확고했기에 사실 내키지 않았다. 관심도 없던 기자로 방송국 생활을 하느니 그냥 하지 말까? 라는 고민을 정말 많이 했다. 하지만 지금 생각하면 그때 그만두지 않고 기자로 활동한 것은 정말이지 신의 한 수였다고 해도 과언이 아니다. 아나운서라는 꿈이 아닌 다른 우물에서 내 안의 보석을 찾을 수 있는 기회였기 때문이다.

대학방송국도 실제 방송국과 크게 다르지 않다. 아나운서와 달리 기자는 다양한 사람들을 만나 취재를 하고, 직접 원고를 쓰고, 하나의 프로그램을 기획하고 구성한다. 그렇게 생각지도 않았던 기자라는 새로운 우물을 파게 되면서, 본래 낯을 많이 가리는 성격이었던 내가 무작정 길 가는 사람을 붙잡고 인터뷰하며 자신감이 생겼고, 이때 연마한 글쓰기 능력은 이후 직장생활을 하면서는 물론 이 책을 쓰고 있는 지금도 도움이 되고 있다. 또한, 하나의 영상, 프로그램을 기획하고 완성해봤기에 논리적으로 글, 프로그램 등을 구성하는 능력도 향상되었다. 기자로 활동해보기 전까지는 내가 이런 걸 해낼 수 있는 사람이고, 이런 능력이 있었는지 나조차 알지 못했다. 새로운 경험을 통해 드러난 잠재력이다.

『나쁜 뇌를 써라』라는 책에 보면, 어머니의 배 속에서 42일째 되는 날 인간의 뇌에서 첫 신경세포가 태어나고, 그로부터 넉 달 동안 신경세포는 무려 천억 개로 증가한다고 한다. 천억 개의 신경세포들이 서로 다른 신경세포에 손을 뻗어 연결을 만들려고 하고 그 시도가 성공하면 시냅스가 형성되는데, 태어나서 3년 동안 신경세포 하나하나는 다른 신경세포들과 무려 1만 5,000개의 시냅스를 갖게 된다고 한다.

그런데 세 살 이후부터 이상한 일이 일어나는데 뇌가 잘 사용하지 않는 연결들은 끊어내기 시작하는 것이다. 열다섯 살 무렵이 되면 그동안 애써 만들었던 시냅스의 절반이 사라져버린다고 한다. 이 책의 저자는 이 과정에서 우리의 뇌는 저마다 다른 형태로 신경 연결망을 구축하는데, 그 연결망이 인간의 재능을 결정짓는다고 해도 과언이 아니라고 말한다.

우리는 각자의 뇌에서 가장 강한 시냅스를 형성하고 있는 연결 즉 '재능'을 활용함과 동시에, 끊어져 버린 신경세포 간의 연결을 다양한 경험을 통해 다시 구축함으로써 내 안에 숨겨져 있던 '잠재력'이란 빛나는 보석을 하나하나 찾아가며 살아가는 것 아닐까?

오디션 프로그램 〈K팝스타〉 출신의 남매 듀오 '악동뮤지션'. 오빠는 코드도 모른 채 기타를 치며 곡까지 쓰고, 여동생은 꾸밈없고 매력적인 음색으로 노래한다. 남매는 풋풋하면서도 재치 있고 통통 튀는 음악을 선보인다. 그런데 이들 남매는 오디션 프로그램 참여 전까지 정규 음악교육을 받은 적이 없다. 게다가 선교사인 아버지를 따라 온가족이 몽골에서 생활하게 되었는데, 악동뮤지션의 부모님은 아이들을 학교에 보낼 경제적 여력이 안 돼 홈스쿨링을 할 수밖에 없었다고 고백했다. 덕분에 부모님의 교육에 분명 특별한 무언가가 있을 것이라고 많은 이들이 궁금해했다.

부모들을 대상으로 한 몇몇 특강에서 악동뮤지션의 부모님이 밝힌 이야기는 별것 아닌 것 같으면서도 실천하려면 어려운 일 중 하나였다. 부모가 간섭하지 않고 아이들이 마음껏 딴짓할 기회를 준 것. 처음에는 시간표를 정해놓고 아이들이 집에서 자율적으로 공부하는 분위기를 만들어보려고 했지만, 공부를 하다가도 금세 엄마 몰래 딴짓을 하는 통에 시간표는 유명무실해졌다고 한다. 경향신문에서 악동뮤지션의 부모와 인터뷰한 기사에 따르면, 부모님은 결국 아이들이 하고 싶은 걸 마음껏 해볼 기회를 주기로 했고, 간섭하는 부모가 아니라 아이들이 원할 때 함께 놀아주는 친구가 되어주기로 했다. 한번은 아이들에게 스스로 하고 싶은 일들로 시간표를 짜보라고 했더니, 아이들은 온통 노는 것으로 시간표를 가득 채웠다. 그런데 신기하게 노는 것도 마음껏 하라고 내버려 두니 오히려 지처서 오래 못하더라고 한다. 그렇게 지루해지면 가끔 스스로 공부를 하기도 하고 다음엔 또 뭘 하면서 놀지 찾아 나서는데, 그 과정에서 남매가 찾은 것이 바로 음악이었다. 찬혁 군이 기타를 치고 수현 양이 노래를 부르며 자연스럽게 노래를 만들고 있는 걸 보고 부모님도 놀라움을 금치 못했다고 한다.

부모가 아이들을 믿고 자율성을 주자 악동뮤지션 남매는 이런저런 우물에 기웃거리며 결국 자신들에게 잘 맞는 음악이라는 우물을 찾아냈다. 그리고 〈K팝스타〉라는 오디션프로그램에서 빛을 발하며 새로운 기회를 얻었다. 악동뮤지션의 부모님은 강연 때마다 부모의 잣대로 아이들의 행복 기준을 정하지 말라고 강조한다. 부모의 욕심을 채우려고 간섭하는 순간 아이들은 잠재력을 발휘할 기회를 잃기 때문이다. 악동뮤지션 남매가 이렇게 다양한 우물을 만날 수 있도록 길을 열어준 부모님을 만나지 않았더라면 마음속에 숨겨진 음악이란 잠재력을 발견할 수 있었을까?

많은 부모가 아이들에게 내일을 위해 오늘은 참아야 한다고 말한다. 그렇게 성장한 젊은이들은 '내일의 성공'을 위해 '오늘 하고 싶은 일'은 포기해야 한다고 생각하며 자발적으로 한 우물만 판다. 하지만 다양한 경험을 해봐야 내 안에 있는 잠재력이 무엇인지 알 수 있다. 그렇게 발견한 잠재력은 인생을 살아가면서 나만의 강력한 무기가 될 것이다.

## 어떤 우물에서 인생을 바꿀 기회를 발견하게 될지 모른다

작가이자 예술가인 에밀리에 왑닉Emilie Wapnick. 〈어떤 사람들에 겐 하나의 천직이 없는 이유〉라는 그녀의 TED 강연은 참 인상 적이었다. 다양한 흥미와 직업을 갖는 사람들을 그녀는 '다능인 Multipotentialite'이라고 정의했다. 강연에서 그녀는 자신이 뭐 하나 진득이 오래 하지 못하는 성격이었다고 설명하며, 어떤 일에 푹 빠졌다가도 질리며 금방 새로운 것을 찾아 나서곤 했다고 한다. 그녀 역시 법학을 공부하고, 밴드에서 기타를 치며, 웹사이트를 만드는 등 다방면에서 활약하고 있는 다능인이었다. 즉 다양한 우물을 파고 있는 한눈팔기 고수다.

우리가 쉽게 예측할 수 있듯, 그녀 역시 다방면에 관심이 많은 사람을 두고 주변 사람들이 흔히 갖는 '산만하다, 끈기가 없다, 목표의식이 없다'는 오해를 받아야만 했다. 하지만 자신과 같은 다능인은 '많은 흥미와 창의적인 취미를 가진 사람'이라며, 실제로 다능인들은 무언가에 꽂히면 빠르게 몰입하고 완전히 미친다는 것이 장점이라고 설명했다. 그렇게 여러 잡다한 일에 빠져본 경험이 쌓이면, 다양한 영역에서 이전에 없던 새로운 아이디어를 내기도 하고, 새로운 일을 시도하는 데 두려움도 덜 느끼게 된다는 것이다.

## 다능인의 세 가지 특징

- 아이디어 통합 능력
- 새로운 것을 접했을 때의 습득 능력
- 주어진 상황에서 뭐든 필요한 상태로 변할 수 있는 적응력

에밀리에 왑닉이 말하는 다능인을 여러 우물에 한눈파는 사람이라고 바꿔 말해도 무리가 없을 듯하다. 한 우물만 파본 사람은 절대 알 수 없는 능력이다. 그러니 한눈파는 것을 숨기거나 남의 시선을 두려워하지 말고 오히려 자부심을 가져도 된다. 이러한 능력들은 우리가 예상하지 못한 방향으로 발전할 기회를 열어준다. 결과는 아무도 모른다. 하지만 남과 다른 나만의 차별성, 경쟁력을 갖게 만드는 진정한 신의 한 수가 될 수 있다.

에밀리에 왑닉은 보석류를 맞춤 제작하는 메슈라는 회사의 예를 들었다. 메슈를 설립한 샤 황과 레이첼 빙크스 이 두 사람은 공통으로 지도 제작, 데이터 시각화, 여행, 수학, 디자인 등 다방면에 관심을 갖고 있었다. 이러한 관심에서 비롯된 다양한 경험과 아이디어를 바탕으로 그들은 지리학적인 영감을 반영한 독특한 보석을 제작해 소비자들의 큰 사랑을 받았다. 이처럼 다능인의 다양한 관심사, 즉 다양한 우물이 결합 또는 융합되면서 차별성과 경쟁력을 확보하고 전에 없던 혁신을 일으킬 수 있다.

한편, 사학과 교수이자 나무학자인 강판권 교수도 한눈팔아서 생각지도 못했던 기회를 잡게 된 분이다. 그가 연합뉴스와 인터뷰한 내용에 따르면, 그는 사학을 전공한 평범한 사학자로 시간강사로 일하며 교수가 되고자 했지만 공부를 하면 할수록 자신은 절대 교수가 될 수 없을 거라는 사실만 확인하게 돼 불안했다고 한다. 살길을 찾아야 한다는 위기감에 휩싸였다. 강의가 없을 때 늘 산에 오르던 그는 호구지책으로 자신이 알고 있는 인문학적 지식과 나무의 이야기를 엮어 책으로 내보면 어떨까 하는 생각을 했다. 시골에서 나고 자라 나무와 친숙했던 터라 나무라는 새로운 우물을 파보는 것이 전혀 뜬구름을 잡는 건 아니라는 생각이 들었다.

그렇게 그는 살길을 찾기 위해 나무에 집중하기 시작했다. 신기하게도 위기감에 시작한 일이라는 것을 잊을 만큼 너무나 재미있었다고 한다. 식물도감을 읽으며 나무의 이름부터 익혀나갔고, 인문학적 지식을 더하기 위해 열심히 사료도 뒤졌다. 책을 출간하기까지 오랜 공부가 필요했고, 쉽지 않았던 글쓰기와 사진 찍기에도 공을 들였다. 출판사에 투고하고 반응이 좋아 책을 준비한 지 1년 반 만에 첫 책이 나왔고, 이어 후속서를 내면서 그는 자신의 인생이 바뀌기 시작했다고 말한다. 그가 나무라는 우물을 만난 것은 위기감에 따른 어쩔 수 없는 선택이었지만, 그가 본래 가지고 있던 우물과 새로운 우물과의 결합은 예상치 못한 긍정적인 결과로 이어졌다.

대부분의 사람은 일이 잘 풀리지 않을 때, 더욱 한 가지 일에만 매달린다. 다른 길을 찾으려 해도 '내 나이가 몇인데. 새로운 걸 시작해서 언제 성과를 내겠어'라고 생각한다. 강판권 교수 역시 마흔이 다 된 나이에 새로 시작할 일을 찾는 건 쉽지 않았다고 한다. 또한, 동료들로부터 "명색이 인문학자인데, 공부하다가 잘 안 풀린다고 해서 소위 외도를 해서야 되겠냐"라는 비판도 들었다. 하지만 그는 남들에게는 아무 연관 없어 보이는 각각의 우물을 하나로 엮어내며 오히려 위기에 빠진 인문학에 활력을 불어넣었다.

아직 우리 윗세대는 물론 젊은이들 역시 한눈파는 삶을 살아본 이들이 많지 않기 때문에 한 우물을 파야 한다고 강요한다. 그러나 남들이 정해놓은 정답만 따라가다 보면, 결국 모두가 똑같이 한 우물만 팔 수밖에 없다. 한눈을 팔고 각자가 판 우물을 이렇게 저렇게 결합·융합하는 것은 나만의 답을 만들어가는 과정이다. 누군가가 이미 제시한 길이 아닌 새로운 길을 개척한다는 것은 머릿속에 생각으로만 남겨둘 때는 걱정스럽고 두렵기까지 하다. 하지만 실제로 그 길에 들어서 보면 오히려 남들의 기준에 맞춰 살 때보다 더 재미있고, 열정적인 에너지가 샘솟는다.

대단한 사람만 할 수 있는 게 아니다. 누구에게나 그런 열정과 에너지가 있다. 성장 과정에서 그것을 발산할 기회를 잃어가면서 마음속 깊이 감춰져 버렸기 때문에 모르고 사는 것일 뿐이다. 악동뮤지션 남매처럼 어려서부터 하고 싶은 것들을 마음껏 할 기회가 주어졌다면, 여러분도 쉽게 그것을 찾을 수 있었을 것이다. 하지만 지금도 늦지 않았다. 당신의 나이가 몇 살이든 한 우물만 파길 멈추고 여러 우물을 파겠다는 마음을 먹는다면 머지않아 그 기회가 온다는 것을 이 책에서 보여주고 싶다.

다만 어떤 우물에서 나만의 보석을 발견하게 될지 모르는 만큼, 미리부터 이 우물을 파면 저절로 어떠한 결과를 얻을 수 있겠지? 혹은 남들에게 이런 모습으로 이미지 메이킹 할 수 있겠지? 라는 사심을 갖지 말라고 당부하고 싶다. 사심 없이 내면의 목소리에 귀를 기울여 하고 싶은 일에서 우물을 찾고, 그 경험에서 나만의 의미를 찾는 연습을 해야 한다.

흔히들 의미를 찾기 위한 경험을 쌓는 것에 익숙하다. 하지만 이제 관점을 바꿔보자. 바로 경험에서 의미를 찾자고 말이다. 둘은 어떤 차이가 있을까?

페이스북에서 '역량사전 살펴보기'란 게시물을 본 적이 있다. 사전의 첫 페이지에는 "대학생으로서 키워야 할 역량을 35가지로 정리하였습니다. 이 35가지의 역량은 대기업 인재상과 선발 기준, 그리고 3,000여 명 학생들의 키워드, 연구 결과 등을 통해 선정된 것입니다"라고 적혀있었고, 말 그대로 취업을 하기 위해 대학생들이 갖춰야 할 역량들을 모아났다고 해도 부족함이 없어 보였다.

한 가지 사례를 살펴보면 이타심을 보여주기 위해 '1, 2학년 때 농촌 봉사활동으로 20여 일간의 합숙, 170여 시간 수행하고 몸과 마음을 다해 봉사함'이라고 강조하였고, 이러한 활동을 하면 이타심 있는 지원자로 어필할 수 있다는 것을 안내하고 있었다.

많은 대학생이 자신감 있는 모습을 어필하기 위해 "패러글라이딩을 하면 어떨까요?", "무전여행을 떠나볼까 해요. 자신감을 충분히 보여줄 수 있겠죠?"라며 댓글을 주고받는 모습도 취업카페에서 역시 어렵지 않게 찾아볼 수 있었다. 하지만 기업들도 이제는 이러한 현실을 잘 알고 있고, 이력서에 한 줄이라도 넣기 위한 활동들에 더는 의미를 두지 않는다. 엄청난 스펙과 다양한 경험을 한 사람이라고 해서 뽑아놨더니 영 아니라는 것을 경험했기 때문이다.

그래서 회사들이 최근 강조하고 있는 새로운 평가 기준은 '스토리텔링', 즉 '그 사람의 생각'이다. 작은 경험이라도 그 경험이 본인에게 어떤 의미가 있었는지 나름의 의미를 발견하는 게 더욱 중요해진 것이다. 다른 사람보다 얼마나 더 특이하고, 희소성 있는 경험을 할까를 고민하기보다 누구나 하는 사소한 경험일지라도 그것을 통해 무엇을 느꼈고, 무엇이 변화되었는지 등에 대해 스스로 고찰을 반드시 해봐야 한다.

한눈팔 때도 마찬가지다. 남들이 보기에 그럴듯한, 특이한 경험에 한눈팔며 단순히 남들이 보내는 부러움의 시선을 받는 것에서 만족감을 얻는 것은 자기 위안이자 만족일 뿐이다. 그것은 빵빵하게 부푼 풍선 안의 공기가 시간이 가면 쭈글쭈글해지며 빠져버리는 것처럼 오래가지 않는다.

어떤 것에 한눈팔든 그것은 각자의 자유이다. 하지만 자신을 과시하기 위해 또는 내가 어떤 사람이라는 것을 남에게 보여주려는 의도를 갖고 한눈팔면, 그 경험들은 그저 한때의 자랑거리나, 스쳐 지나가는 추억으로밖에 남지 않는다. 한눈팔기를 통해 자신을 성찰하고, 성장의 발판 및 동력으로 삼기 위해서는 자기가 땀 흘려 판 크고 작은 우물에서 본인 나름의 의미를 찾는 생각의 시간을 갖는 것이 반드시 필요하다.

# 잘 실패하다 보면
# 회복탄력성도 커진다

사회적으로 이슈가 되고 있는 수저계급론 얘기가 참 씁쓸하다. 재산과 연 소득을 구분 지어 잘사는 사람은 금수저, 그를 넘어 다이아몬드수저라는 말까지 나왔고, 어려운 형편의 사람은 흙수저라 칭한다. 어린 10대 학생들까지도 금수저를 물고 태어났네, 입에 흙수저를 물었네 말하며 자신을 평가한다. 아무 걱정 없이 뛰어놀며 친구들과 관계 형성을 해야 할 나이에, 어른 세대의 지나친 경쟁과 삶의 무게가 아이들에게까지 전해진 것 아닌가 하는 생각에 참으로 안타깝다.

각박한 현실 속에 좌절한 청년들은 '헬조선지옥 같은 우리나라'이라는 말로 사회를 외면해버렸다. '어차피 해도 안 된다' 하는 패배감은 학생들에게까지 번졌고 아무리 노력해도 안 된다는 의미를 담은 '개룡

품절개천에서 용 나는 시대는 끝났다'이라는 말까지 생길 정도다. 문제는 꿈과 희망을 안고 성장해야 할 아이들, 청년들이 너무 일찍부터 패배감에 젖어 있다는 점이다. 요즘은 어린 학생들도 자신을 남과 비교하며 남보다 조금이라도 뒤처지는 것을 못 견딘다. 남보다 먼저 성공해야 사람들로부터 인정받는 길이라고 생각하는 강박관념을 '성공 콤플렉스'라고 하는데, 성공 콤플렉스에 시달리는 사람들은 자신이 남보다 부족하다고 인식하면 이겨내려 하기보다 이미 너무 늦었다고 자포자기하는 경향을 보인다.

사람마다 성공이라고 부르는 기준도 명확하지 않지만, 성공에 대해 많은 사람이 하는 오해가 있다. 성공에 이른 사람들은 소위 꽃길만 걸었을 거라는 것. 그러나 정말 성공한 대부분의 사람은 수많은 실패와 좌절 없이는 성공도 없었을 것이라고 말한다.

구글은 세계에서 가장 성공한 IT기업이다. 하지만 반대로 가장 실패를 많이 하는 기업 중 하나라는 사실을 알고 있는 사람들은 많지 않다. 구글은 실패에 상당히 너그러운 기업이다. 워낙 다양한 시도를 많이 하기 때문이다. 실제로 구글은 지난 2011년에 22개 서비스를 한꺼번에 공식 종료하는 등 실패한 프로젝트들을 주기적으로 정리하고 있으며, 1~2년에 한 번은 손실을 감수하고 포기를 결정하기도 한다. '실패는 성공의 어머니'라는 말처럼 실패한 경험을 바탕으로 재도전하면 성공확률이 보다 높아지기 때문이다.

구글의 구글 비디오는 2005년 당시 시장에서 자리 잡지 못했지만, 구글 비디오 실패 경험을 토대로 다음 해 유튜브를 인수해 동영상 스트리밍 분야에서 성공을 거두었다. 미디어 엔터테인먼트 기기 구글넥서스Q의 실패 경험은 구글 캐스트 등 다른 기기의 개발에 긍정적 영향을 미쳤다. 2015년 한국을 찾은 순다르 피차이Sundar Pichai 구글 최고경영자CEO는 한 강연에서 "실패 또는 목표를 달성하지 못한 프로젝트라도 그 과정에서 많은 것을 배울 수 있다"고 강조했다.

농구 황제로 불렸던 마이클 조던도 많은 실패 끝에 성장했다. 그는 "나는 내 인생에서 수없이 반복해서 실패를 거듭했다. 그러나 내가 슛을 많이 성공시킬 수 있었던 것은 많은 실패를 거쳤기 때문이다"라는 말을 남겼다. 마이클 조던도 9,000번 이상의 슛을 놓쳤고, 300번 정도의 패배를 경험했다. 하지만 그는 실패를 성공을 위한 하나의 과정으로 받아들였다.

필요 이상으로 실패를 겁내고, 실패가 두려워 도전할 용기조차 없는 삶을 살다 보면 불만족스러운 현실을 극복하지 못하고 불평만 하며 살게 된다. 한눈팔기를 권하는 이유 중 하나도 한눈팔다 보면 크고 작은 실패와 도전을 경험하기 때문이다. 이러한 경험들이 쌓이다 보면 어느 순간부터는 실패에 대한 두려움보다는 도전에 대한 기대감이 더 커진다.

프라모델 만들기에 한눈팔고 있는 A 씨는 자신의 경험에 근거하여 나의 이야기에 크게 공감했다. A 씨는 프라모델이라는 우물을 갖게 된 후 퇴근하고 나면 대부분 시간을 프라모델에 한눈팔며 보냈다. 늘 즐겁기만 할 것 같은 취미생활을 신나게 즐기던 그에게 어느 순간 슬럼프가 찾아왔다.

각각의 부품을 조립하기 전에 세세하게 다듬는 과정이 귀찮고, 도색을 하는 과정에서도 생각보다 깔끔하게 색이 칠해지지 않자 짜증이 났다. 온라인 카페에 다른 사람들이 만들어 올린 프라모델 작품들과 자신의 것을 비교하며 '나는 왜 더 잘 만들지 못할까?'라는 생각에 의기소침해졌다. 하지만 슬럼프는 그리 오래가지 않았다. 남이 시켜서가 아닌 즐거워서 파는 우물이었기 때문이다. 그는 지금의 실패도 지나고 보면 한때의 추억이 될 거라고 가볍게 여겼고, 재미있으려고 하는 일에서 군이 스트레스를 받을 필요가 뭐 있냐는 생각으로 나름의 규칙과 방법을 만들었다. 예를 들어 남들은 A-B-C의 순서대로 작업한다면, 자기는 A-C-B의 순서로, 혹은 A-B까지만 완료하고 C는 시간을 두고 나중에 완성하는 식으로 말이다.

좋아하는 일을 해도 늘 즐거운 것은 아니다. 힘들기도 하고, 스트레스도 받는다. 때로는 실패도 한다. 그래도 진짜 좋아하는 일을 할 땐 웬만해선 포기하지 않는다. 그래서 본업 외에 정말 하고 싶은 일, 즐거운 일에 한눈팔면서 '잘' 실패하다 보면 나중에는 실패를 극복하고 성공에 이르는 과정을 즐기는 여유가 생긴다. 보통 일에서의 실패, 인생의 중요한 결정에 서의 실패는 큰 타격이 뒤따른다. 극복하는 과정이 힘겹고 고통스러울 수도 있고 좌절하게 될 수도 있다.

하지만 한눈팔 때는 실패가 그리 큰 문제가 되지 않는다. 그리고 즐겁기까지 하다. 한눈파는 것이 별것 아닌 취미나, 여가활동, 시간 때우기라고 생각할지 몰라도, 분명 이것저것에 한눈팔며 실패도 해보고 때로는 실패를 극복하고 성공해본 경험은 알게 모르게 우리 마음에 각인되어 더 큰 실패나 도전 앞에서 당당하게 맞설 수 있도록 돕는다. 도전에 필요한 동력과 자신감이 생기는 것이다. 그리고 만약 도전에 실패하게 되더라도 회복할 수 있는 '회복탄력성' 또한 커진다.

그렇게 수없이 부딪히고 또 신나게 즐기고, 나만의 방법과 규칙이 만들어지다 보면 비록 성공까지 이르진 못하더라도 분명 보다 성장해 있는 자신을 발견하게 된다.


대부분의 사람이 어학, 자격증, 전공 공부 등 취업 또는 자기계발을 위한 공부만이 진짜 공부라고 생각한다. 한 취업포털의 조사 결과 직장인 10명 중 4명은 일과 공부를 병행하고 있는 '샐러던트'인 것으로 조사됐다. 샐러던트Saladent는 샐러리맨과 스튜던트의 합성어다. 직장인 700여 명을 대상으로 설문조사한 결과 공부하는 직장인들은 직장인 전체의 41.4%로 나타났으며, 분야는 '영어'가 24.4%로 가장 많았고, '실무 관련'이 21.6%, '방송통신대학 등 학력 관련 공부'가 16.5%를 차지했다. 다음으로 '컴퓨터 활용 관련'이 13.7%, '일어'가 10.3%, '재테크 관련' 7.6%, '중국어' 3.8% 순이었다. 〈취업포털 커리어 (2014)〉

공부를 하는 이유로는 '자기계발을 위해'라는 의견이 28.5%로 가장 많았고, '이직을 위해'(24.1%)라는 답변이 뒤를 이었으며, '업무상 필요해서'(17.7%), '미래에 대한 불안감 때문에'(13.6%), '인맥을 넓히기 위해'(6.7%), 승진을 위해'(4.9%), '유학/창업을 위해'(3.8%) 순서였다.

퇴근 후 공부에 한눈팔고는 있지만, 대부분 재미와 흥미보다는 그 목적이 이직, 자기계발과 관련된 것들이 많다. 설문조사 결과를 보면서 많은 직장인이 샐러던트가 된 것이 자기계발을 위한 자발적인 선택일 수 있겠지만, 팍팍한 직장에서 살아남기 위해 또는 다른 곳을 찾아 나서기 위해 떠밀리듯 공부를 강요받는 것 아닌가 하는 안타까운 마음이 들었다.

대부분의 직장인이 가뜩이나 하루의 반나절 이상, 대부분 시간을 직장에서 보내는 것도 모자라, 그 이후의 시간 역시 직장에서 살아남기 위해 또는 성공하는 데 필요한 것들을 배워야 하는 시간으로 보내야만 하는 힘겨운 현실에 있는 것이다.

하지만 여행, 요리, 그림, 독서, 봉사 등도 역시 우리를 성장하게 만드는 공부다. 다양한 곳에 한눈팔아야 하는 또 다른 이유 중 하나는 이것이 인생을 즐겁게, 재밌게 살 수 있는 공부이기 때문이다. 내 우물을 갖고 자유롭게 나만의 커리큘럼을 짜서 스스로 놀이처럼 즐겁게 해나가는 공부. 한눈팔기야말로 진짜 성장을 위한 공부를 해나가는 과정이다.

한 친구는 대학생이던 시절 어느 날 그저 직장인인 남자친구의 아침을 응원하고 싶다는 마음 하나로 책에서 본 좋은 문구와 함께 짧은 응원의 메시지를 녹음해 SMS로 전송했다. 하루 이틀 하다 보니 배경음악을 깔아보면 어떨까 싶어 잔잔한 음악을 틀어놓고 메시지를 녹음했다. 감동한 남자친구는 고맙다는 말과 함께 그녀가 마치 라디오 DJ같다는 말을 덧붙였다. 그러자 정말로 그녀는 서서히 한 사람만을 위한 DJ가 되어갔다. 날씨, 좋은 글귀, 하고 싶은 말을 담은 세 가지 코너를 구성해 중간에 음악 선곡까지 하며 5분에서 10분짜리 방송을 만들어 남자친구에게 보냈다.

물론 처음에 30초 내외의 짤막한 멘트만 녹음해 보낼 때와 비교하면 수고로움이 더 많아진 것은 사실이지만, 남자친구에게 들려줄 좋은 글귀와 음악을 찾으면서 그녀 마음의 양식 또한 채워졌고, 사랑하는 사람과 공유할 수 있다는 것이 큰 행복이었다고 한다. 지금은 그녀 역시 직장생활을 하느라 바빠 라디오 녹음은 못 하지만, 이제는 그녀와 남자친구 각자가 좋은 음악을 듣거나 책에서 좋은 글귀를 볼 때면 꼭 서로에게 추천을 해주며 이야기를 나눈다고 한다.

그녀는 한 사람만을 위한 라디오 DJ가 되어본 것은 음악과 책을 좋아하는 자신이 그녀만의 방법으로 재미있게 우물을 파는 하나의 방법이었다며, 별다른 목표 없이 그냥 음악을 듣거나 책을 읽을 때와 다르게 책임감도 생기고 좋은 것을 소중한 사람과 공유한다는 행복감도 컸다고 말했다. 징형화된 방법으로 남과 똑같이 공부하는 게 아니라, 나만의 방법과 커리큘럼을 만들어 재미와 효율성을 모두 잡는 공부를 통해 성장할 수 있다는 것이 한눈팔기의 매력이다.

그러기 위해서는 일단 마음을 먹었으면 시작해야 한다. 남다른 커리큘럼을 세워보겠다고 책상에 앉아 몇 날 며칠 커리큘럼만 짜고 있어선 안 된다. 일단 해보면서 점차 수정, 보완해나가야 나에게 맞는 방법을 찾아 나갈 수 있다. 그녀는 처음부터 잘해보겠다는 욕심이 없었다. 그냥 이렇게도 해보고 저렇게도 하다 보니, 좀 더 시간이 지났을 때는 자신만의 방법을 찾게 된 것이다. 만약 완벽한 목표에 도달하기 위해 계획부터 탄탄히 세우고, 시작 전부터 머릿속에서 수없이 수정·반복을 거쳤다면 시작도 하기 전부터 지쳐버렸을 수도 있다. 또한, 시작했더라도 완벽한 준비를 마친 후 시작했기 때문에 그 틀에 갇혀 예상치 못했던 재미나 변화를 가미하지 못했을 가능성이 높다.

어디에도 답은 없다. 완벽하게가 아니라, 처음에는 좀 미숙하더라도 내 우물을 어떻게 하면 나에게 꼭 맞는 맞춤형 우물로 만들까 자유롭게 생각하다 보면 책상 앞에 앉아 문제집을 펴놓고 공부할 때보다 더 크게 성장하는 날이 온다. 실수도 하고, 좀 부족하면 어떤가. 그냥 우물 안 개구리로 남아있는 것보다는 낫지 않을까?

# 어느새 나만의
# 개인 브랜드가 만들어진다

한 취업포털이 조사한 바에 따르면 우리나라 20대 젊은이들이 가장 선호하는 브랜드는 '스타벅스'와 '나이키'인 것으로 나타났다. 그 이유가 꽤 흥미로웠다. 응답자들은 제품의 기능, 성능보다는 친숙함 때문에 해당 브랜드를 선호한다고 답했다. 게다가 최근에는 '스세권'이라고 해서, 20~30대들이 집을 선택할 때 스타벅스 주변 부동산 즉 '스세권'을 고려한다고 한다. 이제는 거주지를 선택할 때도 교통, 편의시설, 문화뿐만 아니라 브랜드까지 고려한다는 의미다. 브랜드가 갖는 이미지가 얼마나 중요한가를 알 수 있는 예이다. 브랜드 이미지 향상을 위해 기업들이 쓰는 연간 광고 홍보비가 10조 원 가까이 된다고 하지 않는가.

기업의 브랜드만 중요할까? 개인 브랜드 또한 예외가 아니다. 이

것은 스펙과는 다르다. "당신은 어떤 사람입니까?"라는 질문을 받았을 때, 뭐라고 답하겠는가? 일반적으로 "저는 어떤 회사에 다니는 누구입니다" 또는 "어떤 일을 하는 누구입니다"라는 답을 할 것이다. 개인 브랜드 구축의 첫 걸음은 자신을 설명할 수 있는 키워드를 만들어 자신에게 생명력을 불어넣는 것이다. 다른 사람에게 당신을 각인시킬 수 있는 시그니처를 만드는 것과 같다.

직업에 의해 이름 붙는 천편일률적인 소개는 당신을 수많은 직업인 중 하나로 여기게 할 뿐 당신이라는 사람만이 가진 가치를 전달하지는 못한다. 자신을 능동적으로 브랜딩하면 당신은 유니크하고 보다 매력적인 사람으로 포장될 것이다. 그러면 당신의 가치가 보다 많은 사람에게 알려질 것이고, 당신이 하고자 하는 일에 도움이 되는 사람들을 만난다거나 예상하지 못한 인생의 기회를 잡게 될 확률이 높아진다.

퍼스널 브랜드의 핵심은 스토리다. 각자의 라이프 스토리에 남다른 가치를 부여해 자신만의 인생 스토리텔링을 해나가는 것이다. 그런데 아무리 생각해도 나를 브랜딩할 이미지, 스토리가 떠오르지 않는다면 '나는 한 우물만 파느라 다양한 우물을 파보지 못했구나' 하고 우선 경각심을 가져야 한다. 살면서 어떤 우물을 팠는가를 따라가다 보면 남다른 스토리가 만들어진다. 이 세상 누구도 똑같은 우물을 선택하고 각각의 우물을 같은 깊이, 형태로 파거나 꾸미지 못

한다. 각자의 우물에는 우물을 파는 사람의 개성이 반영될 수밖에 없기 때문이다. 반면 한 우물만 판다면 깊이의 차이만 있을 뿐이고, 그 깊이에 따라 매겨지는 서열에 따라 줄 세워진다.

이 책을 쭉 읽어 온 독자라면 하나의 우물에서 벗어나 한눈파는 것에 대한 부담감이 많이 줄어들었을 것이다. 그저 하고 싶은 것, 해보고 싶었지만 미뤄둘 수밖에 없었던 일을 시작하는 것에서부터 나만의 우물이 만들어진다고 말해왔으니 말이다. 취미, 배움, 직업, 학문, 봉사 어떤 것이든 오케이다. 당신이 발굴하고 몰입하고 있는 그 우물에는 당신은 알아채지 못했을지라도 당신의 가치관, 본성과 지금까지 살아온 여정이 고스란히 담긴다.

김미경 강사 하면 떠오르는 단어가 있다. 바로 '꿈'이다. 젊은이들은 물론 중년들을 대상으로도 시원한 입담으로 꿈에 대한 강연을 주로 해왔기에, 그녀를 생각하면 자연스럽게 '꿈을 심어주는 사람'이란 이미지가 연결된다.

그런 그녀가 새로운 우물에 발을 들여놓으면서 최근 디자이너라는 언뜻 보면 뜬금없는 수식어까지 얻게 됐다. 어머니가 평생 양장점을 운영했지만 그녀가 자신이 옷에 관심이 있다는 걸 알게 된 건 나이 50이 넘어서였다고 한다. 우연히 옷을 만들어보니 남보다 소질이 있어 보였고, 어느새 취미가 되었다. 꽤 깊이 있는 우물이 만들어진 듯하다. 직접 시장을 돌며 손수 옷감을 고르고 만든 옷이 300벌도 넘는다. 새로운 디자인을 하는 것, 옷을 만드는 것도 너무 즐거워서 이제 만든 옷 아니면 안 입는다고 한다.

이제 그녀에게 디자이너라는 새로운 명함이 생겼으니 '꿈을 심어주는 사람'이라는 그녀의 브랜드 이미지는 사라지는 것일까? 아니, 오히려 기존의 브랜드 이미지를 더욱 탄탄하게 보완해주는 새로운 우물이라는 생각이 들었다. SNS로 옷을 판매해 그 수익금은 전액 미혼모를 돕는 데 쓰기 때문이다. 언젠가 강의를 들으러 왔던 한 미혼모의 사연을 듣고 그녀는 미혼모와 아이에게 꿈을 심어주기 위한 값진 계획을 한 것이다. 그녀가 취미로 판 우물은 자신만을 위해서가 아닌 남을 돕는 일로도 활용되면서 결국 그녀의 브랜드도 더욱 공고히 다져졌다.

혹시 20~30대 젊은 독자분들 중에 나도 지금 당장 개인 브랜드를 만들어봐야겠는데, 지금까지 한 우물만 파느라 한눈판 적이 없는데, 어떡하지? 라고 조급한 마음을 가질 사람들도 있을 것 같다. 하지만 당장 개인 브랜드를 만들려고 욕심 부리기보다 나를 가장 잘 설명해줄 수 있는 우물을 찾고 시간을 두고 숙성시키는 게 먼저다.


출판사에서 일하는 O 씨는 자신을 사람들에게 이렇게 소개한다.
"손그림 그리는 편집자입니다."

그녀는 직원 모두가 똑같고 이름만 다른 회사에서 찍어준 명함이 아니라 직접 그린 얼굴과 개성 있는 손글씨가 들어있는 명함을 따로 만들었다. 그로 인해 사람들이 재미있어하고, 무엇보다 긍정적인 이미지로 각인되는 것을 경험했기 때문이다. 삶에 큰 영향을 미칠 정도의 변화를 경험한 건 아니지만, 무엇보다 자신이 즐거워하는 것을 통해 남에게 긍정적인 이미지를 심어줄 수 있다는 것이 좋다고 말한다.

그녀가 그림을 그리기 시작한 것은 컬러링북을 통해서였다. 어려서부터 눈에 보이는 형상을 그림으로 표현해보고 싶어 그림 그리기를 시도했었지만, 실력은 늘지는 않고 매번 부족한 그림 실력만 확인하는 것에 좌절감을 느껴 여러 번 포기를 맛봤던 경험이 있었다. 20여 년이 지나 30대 초반의 나이가 된 그녀는 우연한 기회에 그림의 형태는 이미 갖추어져 있고 색만 칠하면 되는 컬러링북을 시작했다. 2~3권 정도의 컬러링북을 완성한 그녀는 자신감이 붙었고, 밑그림에 색칠만 하는 것에서 벗어나 직접 그림 그리기를 도전해보고 싶었다. 그렇게 시작한 그림 그리기는 삶의 활력소가 되었고, 노트한 권을 그림으로 가득 채울 무렵 주변 사람들에게 자신의 취미를 소개하기 시작하면서 그림 그리는 편집자로 불리게 되었다. 지금은 취미라는 우물과 직업이라는 우물이 결합한 형태의 브랜딩에 머물러 있지만, 시간이 지나면 어떤 결과, 혹은 어떤 우물이 더해져 어떤 브랜딩이 이뤄질지 기대가 된다.

자신만의 브랜드를 만들고 싶은 사람들이 가장 손쉽게 활용할 수 있는 도구가 바로 취미와 관련된 우물이다. 아무래도 누구나 쉽게 시작할 수 있다는 장점이 있기 때문이다. 멋모르고 재미있어 발을 들여놓았다가도 우물을 파다 보니 자신이 인생에서 중요하게 생각하는 '가치'를 발견하게 되는 경우도 있다. 그 가치를 브랜딩해야 한다.

언젠가 인터넷 커뮤니티에서 한 대학가의 토스트 가게가 화제가 된 적이 있다. '광인수집'이라는 이름의 토스트 집으로 '광운대학교 인문대학 수석졸업자의 집'의 줄임말이다. 실제로 광운대 인문대를 수석 졸업한 이 모 씨가 차렸다. 이 씨는 토스트 가게를 차리기 전, 대학 졸업 후 바로 취업에 성공해 직장생활을 한 적이 있었다. 하지만 잦은 출장, 늦은 퇴근이 일상이 되어버리면서 인생을 소모적으로 살고 있다고 느꼈고, 사람과 마음을 나누지 못하는 삶에 지쳐갔다. 그가 대학에서 배운 인문학은 '사람을 사람답게 대하는 것'이었고, 그 역시 그러한 삶을 살고 싶었다고 한다. 그게 바로 그가 추구하는 가치였다.

그래서 그 방법의 하나로 택한 것이 장사였다. 학교 후배들의 고민도 들어주고, 마음도 달래줄 수 있는 좋은 형이 되어주고 싶은 마음이었다. 하지만 한때 온라인 커뮤니티에서는 "학교 망신이다", "인문대 졸업생의 최후다", "직업에 귀천이 없다지만, 대학 졸업하고 토스트 가게나 해야겠냐" 하는 비판과 "용기 있는 시도다", "진심으로 귀 기울여 주려는 마음이 느껴져 힘이 된다"라는 응원 사이에 뜨거운 논쟁이 벌어지기도 했다. 하지만 이 씨의 바람대로 실제로 5시간이나 고민 상담을 하거나 그저 이런저런 이야기를 나누다 가는 후배들도 생겼고, 그를 응원하는 많은 응원메시지들이 가게 앞을 장식했다.

그렇게 1년여 시간 동안 '사람을 사람답게 대하는 삶'을 살며, 그가 배운 인문학의 가치, 삶의 가치를 추구하는 시간을 가진 그는 가게를 정리했다. 더 많은 사람과 소통하며 사는 방법을 고민하고 실천하기 위해서라고 한다. 분명 그가 추구하는 가치에 걸맞은 또 다른 우물을 파서, 그만의 브랜드를 구축해나갈 거라 믿는다.

지금까지 우리는 직업적으로 무엇이 되고 싶은가에 대한 고민을 많이 해왔다. 하지만 이제는 인생을 어떻게 살고 싶은지에 대한 답을 찾아보자. 그 답을 찾아야 자신의 브랜드를 만들어내고 스토리화하여 생명력을 불어넣을 수 있다. 그 과정에서 중요한 건 누누이 강조하고 있듯 다른 사람들의 시선에서 자유로워질 필요가 있다는 것이다.

한때 누가 봐도 부러워하는 직업을 가졌지만, 정작 나는 행복하지 않았다. 이 일을 통해서 내가 가진 능력이 소모된다는 생각만 들었지, 내가 성장하고 있다는 생각은 전혀 들지 않았다. 남의 시선에 의해 정해진 직업의 품격은 나에게 보람과 즐거움을 가져다주지 않는다는 것을 알았다. 그래서 이왕이면 하고 싶은 다양한 일들에 몰두해보기로 마음먹었다.

내가 찾은 나만의 중요한 가치는 '내 시간을 스스로 계획하며 일을 통해 성장하는 삶'이다. 대학 졸업 후 일을 시작한 지 7년여 시간이 지나고 나서야 알아챈 내면에 숨겨진 목소리였다. 직업적으로 이 우물, 저 우물에 발을 들여놓는 것을 보고 처음엔 주변의 부정적인 시선도 있었지만, 점차 시간이 지나자 오히려 '주체적으로 하고 싶은 일을 잘 찾는 사람'이라는 긍정적인 이미지가 생겼고 나를 통해 한눈팔기를 긍정적으로 보는 사람들도 많아지게 됐다.

하나의 브랜드, 이미지가 만들어지기 위해서는 사람들이 갖는 선입견에 맞서야 하는 경우도 많다. 나에게 호의적이지 않은 시각을 가진 사람도 설득해 내 편으로 만들기 위해서는 자신만의 인생의 가치를 발견하고 그에 맞는 다양한 우물을 파야 한다. 시간을 두고 자기를 성찰하며 가치와 경험을 연결하다 보면 어느새 자신만의 브랜드가 손에 잡힐 만큼 가까워져 있을 것이다.

# 하고 싶은 일을 좇은 결과
# 31살에 서른한 가지 직업을 가진 김진향 씨

김진향 씨는 20대부터 30대 초반의 나이에 이르기까지 구두 디자이너, 가수, SNS마케터, 모델, 카페 주인, 작가, 강사 등 다양한 일을 하며 여러 우물에 거침없이 발을 들여놓았다. 하고 싶은 일을 좇아 한순간도 청춘을 낭비한 적 없는 그녀의 이야기는 하고 싶은 일 앞에서 머뭇대고 있는 사람들, 한 우물만 파느라 하고 싶은 수많은 일을 포기할 수밖에 없었던 사람들에게 사이다 같은 속 시원함을 안겨줄 것이다.

"나의 키워드로 내세우고 싶은 게 있다면, '결핍'과 '배움' 이 두 가지다."

여러 우물에서 두각을 나타내며 소위 팔방미인으로 불리고 있는 그녀. 남보다 뛰어난 능력 혹은 타고난 재능이 있어서 여러 가지 일을 척척 해내고 있는 것은 아니라고 말한다. 그녀가 서른한 가지나 되는 다양한 일에 발을 들여놓고 열정적인 에너지를 뿜어내는 것은 어린 시절 배움에 대한 결핍에서 시작됐다. 학창시절 아버지는 오랫동안 병상에 누워계셨고, 가정형편이 어려웠던 탓에 가족의 생계를 위해 궂은일도 마다치 않으시는 어머니를 도와 진향 씨 역시 학창시절부터 아르바이트를 해왔다.

"어렸을 때는 당장 돈이 급했기 때문에 돈의 흐름에 따라서 할 수 있는 일을 찾아 일을 할 수밖에 없었다. 하지만 스무 살에 고향을 떠나 서울에 올라오고부터는 가슴이 시키는 일을 하기 시작했다."

나는 궁금했다. 스무 살의 그녀가 택할 수 있는 방법은 배움의 의지와 에너지를 쏟아 한 우물을 파는 것일 수도 있고, 여러 우물을 파는 것일 수도 있었을 텐데 후자를 선택한 이유가 말이다. 그녀는 "보통 10년 이상은 한 우물을 파야 장인이라고 부른다. 그분들이 정말 대단하다고 생각하고 박수쳐드리고 싶다. 저는 한 우물을 판 장인은 아니지만, 10년 동안 여러 우물에 뛰어들었다"고 말했다. 삶은 유한하기 때문에 되도록 많은 일을 경험하고 싶었고 다양한 삶의 모습을 갖고 싶었다고 한다. 그래서 지적인 호기심과 내적인 만족이 충족되면, 언제나 또 다른 경험을 찾아 나선 것이다.

"하고 싶은 일을 마음에만 담아두지 않고 실행으로 옮겼더니 시간이 지나면서 그 하나하나가 직업이 됐다. 각각의 우물들은 개별적으로 존재하는 것이 아니라, 다른 우물에 발을 들여놓게 되는 계기가 되기도 했고, 어느 순간부터는 우물들이 서로 융·복합되는 것을 경험하기도 했다."

지금 그녀가 브랜드전략마케터 일을 하는 것도 예전에 그녀가 직접 카페를 운영하지 않았더라면, 개개인의 휴먼브랜드를 찾아주는 일을 하지 않았더라면, 마케터로 활동을 하지 않았다면 할 수 없는 일이었을 것이다. 블로그 활동을 하면서 몇 차례 블로그 저품질을 극복하자 그 경험과 노하우를 가지고 블로그 강의도 할 수 있게 되었다. 특정 직업을 하려고 한 것은 아니었지만, 그동안 판 우물들이 이어져 물 흐르듯이 흘러가다 보니 행복하게도 할 수 있는 일들이 많아지고 있다고 그녀는 말한다.

그건 아마도 그녀가 각각의 활동에 최선을 다하며 내실을 기했기에 가능한 일이었을 것이다. 나는 늘 한눈팔라는 말이 대충 여기 찔끔 저기 찔끔 우물만 늘리란 말이 아니며, 각각의 우물에 최선을 다해야 한다고 강조한다. 김진향 씨 역시 열 손가락으로 다 꼽기 어려운 여러 가지 일을 한다고 해서 어느 것 하나 허투루 한 일이 없다고 자신한다. 어린 시절 돈이 없어서 당시에는 다 채우지 못했던 배움에 대한 갈증을 어른이 되어서는 배움에 대한 폭발적인 열정으로 바꿔낸 덕분에 가능했던 듯하다. 카페를 운영하던 시절 따스한 밥 한 끼 대접할 수 있는 메뉴가 무엇이 있을까 연구하기 위해 근처 서점에 가서 여러 책을 펴놓고 공부했고 당시에는 책을 살 돈이 없어 필요한 부분을 사진에 담아오거나 메모해올 수밖에 없었다고 한다. 그렇게 간절했기에 밤새워 공부하고 직접 요리해보며 시행착오를 거쳐 메뉴를 개발하며, 나만의 결과물을 만들기 위해 노력했다. 카페를 운영할 때뿐만 아니라 다른 일을 할 때도 마찬가지였다.

여러 일에 한눈파는 그녀를 보고 잘 모르는 사람은 끈기가 부족한 것 아니냐는 의문을 가질 수도 있지만, 그런 선입견을 눈 녹듯 사라지게 만든 것이 바로 블로그 활동이다. 그녀의 블로그는 국내 스타 연예인 블로그 1위, 맛집 블로그 국내 5위, 엔터테인먼트 분야 1위를 기록한 바 있다. 물론 순위가 중요한 것은 아니지만, 블로그 활동은 꾸준한 노력과 시간, 정성이 필요한 일이기에, 꾸준히 콘텐츠 개발을 위해 고민하며 부지런히 발로 뛰고, 밤새워 사진 작업을 하고 포스팅한 그녀의 성실함을 나타내기에 충분한 성과였다.

"내가 해왔던 경험들은 '나' 라는 사람 안에 차곡차곡 쌓여있다. 그 경험들은 지금의 내가 다른 경험을 쌓는다고 해서 사라지는 것이 아니라, 다른 경험들과 융합되어 새로운 직업을 만든다. 나조차 생각하지 못한 그 어떤 것을 말이다."

그녀의 이 한마디는 한눈팔기의 힘 중 하나인 한눈파는 우물이 인생의 '신의 한 수'가 될 수 있다는 것을 잘 드러내 주는 말이다.

최근 외국에서 기수로서 공연도 하고 모델 활동도 하고 왔다는 그녀는 그 이후에 제2의 사춘기를 겪었다고 고백했다. "목표 중의 하나가 내가 죽을 때까지 하고 싶은 일을 후회 없이 다 하고 생을 마감하는 것이었는데, 벌써 하고 싶은 일을 다 해버렸다. 오늘 죽어도 여한이 없다는 생각이 들었고 '앞으로 뭘 하고 살지?'라는 생각에 허무했다"고 말했다. 그만큼 치열한 20대를 보냈다는 증거 아닐까?

다행히도 머지않아 그녀는 스스로를 일으켜 세울 답을 찾았다. 20대에는 하고 싶은 것을 성취하기 위한 삶을 살았다면 30대에는 20대의 경험을 통해 얻은 것을 어떻게 더 많은 사람과 나눌 수 있을지 고민하며, 세상을 이롭게 하는 홍익인간의 삶을 살고 싶다고 했다.


"무엇을 가지고 본인을 불태울 수 있을지 생각해보는 시간이 각자에게 필요하다. 그 답은 본인이 찾고 결정하고 책임을 져야 하는 거다. 그러기 위해서는 본인을 돌아보며 좋아하는 것, 즐겁게 할 수 있는 것이 무엇인가를 남의 시선 상관없이 생각해보고 시도해봐야 한다."


하고 싶은 일들을 미루고, 포기하는 사람들에게 그녀는 작은 것을 시도하는 것만으로도 본인의 자존감을 끌어올리는 계기가 될 거라고 말한다. 실패하고 성공하는 것은 중요하지 않다. 한 단계, 한 단계 밟아가다 보면 어느 순간부터는 그 단계에 맞는 일이 주어지고, 본인의 성장을 느끼게 된다는 것이다.

그녀는 더불어 본인이 하는 일들을 꾸준히 SNS에 기록해둘 것을 권했다. SNS를 통해 자신의 활동을 기록하고 사람들에게 알림으로써, 이 사람이 이렇게 변화해가고 있구나, 노력하고 있구나를 보여줄 수 있고 그 과정에서 신뢰가 쌓이기 때문이다. 그녀는 "본인의 가치를 스스로 알리고, 다양한 사람들과 인프라를 구축하고, 그 속에서 기회를 창출하는 것은 스스로가 하지 않으면 절대 누군가 대신해줄 수 없는 일이다"라고 말하며 다시 한 번 SNS 활동의 중요성을 강조했다.

당신이 하고 싶은 일은 무엇인가? 지금 파고 있는 한 우물에 집중하기 위해 그 일들을 다 포기하려 한다면, 혹시 그 마음이 귀찮음과 게으름을 합리화하기 위한 핑곗거리는 아닌지 살펴봤으면 좋겠다. 서른한 가지 직업을 가진 사람도 있는데, 한 우물만 파느라 하고 싶은 일들을 포기하기에는 인생이 너무 아깝지 않은가.

# Step 3

한눈파는 즐거움을 알면
더 큰 세상이 보인다

# 한눈파는 사람과 결혼하면
# 나이가 들어도 꿈길을 걷는다

"어떤 사람과 결혼해야 할까?" 누구나 살면서 한 번쯤 해결하고 넘어가야 할 인생의 숙제 중 하나다. 결혼을 위한 배우자의 조건은 당사자는 물론 지인들의 관심사이기도 하다. 지인들에게 결혼발표를 하고 나면 "축하해"라는 말에 뒤이어 곧바로 나이, 외모, 직업을 묻는 말이 쏟아지는 건 물론이고, 능력의 척도가 되는 연봉, 차의 유무나 자가 또는 전세 여부 등을 비롯한 경제력, 하물며 부모님이 아파트 한 채 해주실 여력이 있는지를 가늠하는 집안 경제력에까지 관심을 갖는다.

물론 사람들이 말하듯 사랑이 밥 먹여주는 것은 아니기에 현실적인 조건이 중요하지 않다는 것은 아니지만, 그것이 행복한 결혼의 필요충분조건이 아님은 분명하다. 사람마다 생각하는 행복한 결혼의 조건, 좋은 배우자의 조건은 저마다 다르겠지만, 한눈파는 사람과의 결혼은 긍정적인 면이 꽤 많다. 무엇보다 매력적인 것은 결혼 후에도 남편, 아빠로서 또는 아내, 엄마로서가 아닌 오롯이 나 자신으로서의 꿈길을 걸어나갈 수 있다는 점이다. 한눈파는 사람과 결혼하면 아무리 나이가 들어도 꿈길을 걷는 즐거움, 행복감을 느끼며 살 가능성이 크다. 물론 반드시 붙어야 할 전제 조건 하나, 다른 이성에게 한눈팔지 않는다는 것만 지켜진다면 말이다.

덕선: 난 꿈이 없어 아빠. 한심하지. 나 진짜 멍청한가 봐.

동일: 멍청하긴 뭣이 멍청하대. 아··꿈은 시방 가지면 되지.(중략)

동일: 아빠도 처음부터 은행원이 꿈이었는 줄 아냐. 아니여. 그냥 먹고
　　　살라고 아등바등대다 보니께 그러다 본께 여기까지 온 거재.

덕선: 그럼 아빠 지금 꿈은 뭐야? 그럼 아빠 시방 꿈은 뭐 대?

동일: 아빠 시방 꿈은 우리 보라, 우리 덕선이, 우리 노을이 하나도 안
　　　아프고 건강한 거. 아빠 꿈은 딱 그거 하나밖에 없어.

덕선: 아니 내 꿈 말고 아빠 꿈은 뭐냐고.

동일: 그래야. 그게 아빠 꿈이여. 자식새끼 셋 다 안 아프고 건강한 거.
　　　그거 말고 아빠 꿈이 뭐 있대. 없어···.

덕선 : 그게 뭐야.(눈물)

- 〈응답하라 1988〉 17화 인생이란 아이러니 中

드라마를 보면서 아빠의 유일한 꿈은 자식이라는 말에 코끝이 시큰해졌다. 이 드라마가 1980년대를 배경으로 한다고 하지만, 아들, 딸이 유일한 꿈이 되어버린 아빠, 엄마의 모습은 요즘 시대에도 여전하다. 아빠, 엄마의 꿈은 어디로 갔을까?

흔히 결혼을 하고 나면 꿈 타령은 사치라고 생각한다. 사회적 성공, 커리어에 목말라 있던 남자, 여자도 대부분 결혼해서 사녀가 생기면 눈앞의 자녀밖에 안 보인다. 현실적으로도 여자들은 아이를 낳고 육아를 하다 보면 경력이 단절되거나 사회에 존재하는 유리 천장에 가로막혀 한계에 부딪히고, 남자들은 가장으로서 가족의 안정적인 삶을 책임져야 한다는 무거운 책임감에 억눌린다.

그러다 보니 어느 순간부터 두 남녀의 꿈은 고스란히 아이에게 투영돼 아이의 의지와 상관없이 아이의 꿈에 집착하는 부작용까지 나타난다. 물론 이러한 삶이 행복하지 않다는 것이 아니다. 다만 부모가 대신 꿔주는 자녀의 꿈과 그에 대한 헌신이 오히려 자녀들 스스로 꿈을 계획하고 실행하며 얻을 수 있는 성취의 즐거움과 꿈을 꿀 가능성까지 빼앗을 수 있다. 또한, 가족 구성원 각자의 꿈이 대등하게 존재할 때 서로를 응원하며 가족 간의 관계가 더욱 돈독해질 수 있다.

하지만 기혼자들은 알겠지만 현실적으로 이는 말처럼 쉬운 일이 아니다. 그래서 한눈파는 사람과의 결혼이 가족 구성원 모두가 꿈길을 걷는 즐거움에 가까워질 수 있다고 말하는 것이다. 그건 바로 한눈파는 사람들의 특징을 살펴보면 알 수 있다.

### 한눈파는 사람들의 특징

**① 남과 비교하지 않는다**

- 다름을 옳고 그름으로 인식하거나 시시비비를 가리지 않는다.
- 행복은 누가 가져다주는 것이 아니라 부부가 함께 만들어가는 것이라는 걸 잘 알고 있다.
- 꿈의 크기를 남과 비교하며 상대적인 우월감 또는 실망감을 느끼지 않는다.

**② 최소 두 개 이상의 관심사를 항상 가지고 있다**

- 상대의 시간과 공간도 이해하고 배려한다.
- 서로 다른 관심사를 갖고 있더라도 상대의 관심사를 존중하고 함께 즐기다 보니 자신의 세계도 두 배로 넓어진다.
- 꿈길에 가까워지는 데 필요한 다양한 아이디어를 공유할 수 있다.

**③ 소소함도 특별하게 생각할 줄 안다**

- 일상을 데이트처럼 즐긴다.

- 작은 일에도 웃고, 고마워한다.
- 꿈이 거창한 무엇이기보다 작은 노력에서부터 시작되는 것이라고 생각한다.

### ④ 머무르는 삶보다 성장하는 삶을 추구한다

- 명품보다 미래를 위한 투자에 더 많은 돈을 투자한다.
- 자기 일을 사랑한다.
- 세상에 이상적인 결혼은 없다. 자존감을 높이고 서로를 성장시키는 이상적인 부부로 살아간다.

### ⑤ 다른 사람의 꿈도 이해하고 응원해준다

- 상대를 자신에게 동화시키려 하지 않고, 객체로 인정한다.
- 배우자가 꾸는 꿈을 내 꿈처럼 여기고 그것이 실현되도록 돕는다. 이는 행복한 결혼생활을 위한 가장 강력한 에너지로 작용한다.
- 다른 사람이 모두 아니라 해도 끝까지 믿어주며, 이러한 믿음은 상대에게 책임감을 심어준다.

한눈파는 사람들은 누구나 자신만의 우물을 만들고 관리해본 경험이 있다. 그래서 남의 우물과 비교하지 않고 주체적으로 자신만의 우물을 파고 가꿀 줄 안다. 그 과정에서 아무리 작고 사소한 것일지라도 자신이 하고 싶은 일을 포기하지 않고 실행한다는 그 자체가 중요하고 특별하다는 것을 경험했으며, 내 우물만큼이나 다른 사람의 우물 역시 소중하다는 것을 잘 알고 있다.

또한, 심혈을 기울여 우물을 파면 그 우물에서 소중한 기회 또는 아이디어를 만날 수 있음을 알기에 당장 눈앞에 보이는 성과가 없더라도 배우자가 차근차근 우물을 찾고 팔 수 있도록 격려하고 힘들 때 위로한다. 그러므로 한눈파는 사람들은 대부분 위에서 언급한 것과 같은 특징을 갖는다.

결혼 전에도 꿈을 이루기 위해 좋은 조력자를 만나는 것이 중요하다. 하지만 결혼하고 난 후에는 내 꿈은 나의 의지와 열정만으로 이뤄지는 것이 아니기에 더욱이 배우자의 역할이 중요하다. 내가 아무리 꿈을 이루기 위한 꿈길을 걷겠다고 해도 배우자의 이해와 응원 없이는 어렵기 때문이다. 그래서 '역시 혼자일 때가 편해', '결혼하면 포기해야 하는 것이 너무 많아', '결혼은 인생의 족쇄야'라고 생각할지 모르지만, 상대가 꿈길을 걸을 수 있도록 격려해주는 배우자를 만난다면 혼자일 때와는 비교도 못 할 만큼 강력한 힘을 얻게 된다. 우리는 그런 배우자를 만나야 하고, 나 역시도 배우자의 꿈길을 응원하는 사람이 되어야 한다.

유부남인 한 개그맨이 TV에 나와 아내와 있었던 일에 대해 고백하는 것을 본 적이 있다. 아내가 여러 사업을 했는데, 할 때마다 망하더라고 한다. 금전적 손실이 크다 보니 굳이 왜 여자가 일을 하려고 하느냐고, 아이 키우면 되지 않느냐고 아내에게 늘 핀잔을 주었다고 한다. 그러던 어느 날 아내가 "내가 망하기 전에 한 번이라도 잘한다, 열심히 한다고 격려해 준 적이 있느냐?"라고 묻더란다. 생각해보니 언제쯤 수익이 날까 노심초사하기만 했지, 열심히 한다고 격려해준 적은 없는 것 같아 미안했다고 한다.

그 후 아내가 의류 쪽 일을 새로 시작했는데 역시 장사가 잘 안 됐다. 하지만 그때 그는 아내에게 "잘하고 있다. 어쩜 그렇게 잘하냐. 오늘은 얼마나 팔았냐"고 적극적으로 격려하고 칭찬해줬다. 그러자 1년 후 플리마켓에서 하루에 700만 원가량의 매출을 올려왔더라고 한다. 꿈길을 걷는 데 있어 배우자의 역할이 얼마나 중요한지 알 수 있는 사례다. 위에서 언급한 한눈파는 사람들의 특징을 보면 그 자체로도 이상적이지만, 무엇보다 배우자의 꿈길을 응원하는 배우자가 될 가능성이 높다.

다만 한눈파는 사람과 결혼한다고 해서 아무런 노력 없이 저절로 행복해지고, 저절로 꿈길을 걷는 기쁨을 누릴 수 있는 것은 아니다. 부부 사이에 빠져서는 안 될 중요한 것 한 가지를 꼭 잊지 말아야 한다. 바로 '배려'다. 배려가 없다면 한눈파는 사람 때문에 배우자가 혼자 외로워하거나 괴로워질 수 있다. 당신이 한눈파는 사람이라면,

혹은 한눈파는 사람을 배우자로 맞으려 한다면 배려라는 단어를 마음 깊이 새겨야 한다. 물론 어떤 사람과 결혼하든 서로에 대한 배려는 기본 중의 기본이 되어야 하겠지만 말이다.

TV 고민 상담 프로그램에 한 주부의 사연이 소개된 적이 있다. 건담 프라모델 수집에 열을 올리는 남편 때문에 괴롭다는 사연이었다. 집에 600개 정도의 건담이 있으며 대략 6천만 원 정도의 비용이 들었다고 한다. 그런데 사람들을 놀라게 한 건 아내를 전혀 배려하지 않는 남편의 태도였다. 딸의 돌 반지가 자꾸 없어지는 것에 아내가 의문을 품고 있었는데 돌 반지 10개 중 2개가 남았을 때 남편이 건담을 사기 위해 하나씩 팔았다는 걸 알았다고 한다. 딸을 낳고 시아버지가 주신 돈 20만 원은 사실 200만 원이었고 나머지 돈은 남편이 건담을 사는 데 쓴 것이었다. 하물며 퇴근 후에는 가족들과 함께 시간을 보내기는커녕 건담을 모아둔 방에 틀어박혀 건담에게 자신의 일과를 얘기한다고 했다.

주변에도 결혼 후 남편이 사이클에 빠져 퇴근 후와 주말 내내 혼자 자전거를 타러 나가버린다는 얘기, 아내가 도자기 공예를 너무 좋아해 함께 보낼 시간이 없어 불만인 남편의 하소연을 어렵지 않게 들을 수 있다. 하고 싶은 일을 찾아 신나게 자기만의 우물을 파는 것은 응원할 만하다. 하지만 결혼을 했음에도 소중한 사람에게 상처를 주면서까지 자기 우물만 파는 사람은 이기적이다. 결국, 아무리 열정적으로 한눈을 팔더라도 서로의 이해와 격려 없이는 가정의 분란만 일으킬 뿐 꿈길을 걷는 데 아무런 도움이 되지 않는다.

내 우물만 중요한 것이 아니다. 배우자의 우물과 가족의 행복도 중요하다는 것을 염두에 두고 스스로 한눈파는 정도와 방법을 조절해야 한다. 그것이 배려이며 오래도록 즐겁게 한눈팔며 살 수 있는 방법이자 가족 모두가 행복하게 꿈길을 걸을 수 있는 비법이다.

'행복한 결혼의 조건', '이런 배우자를 만나야 한다'는 등의 결혼에 대한 좋은 이야기들이 참 많다. 하지만 나는 어떤 글보다 철학자, 소설가, 시인 등으로 활동한 칼릴 지브란Kahlil Gibran의 『예언자The Prophet』에 나오는 「결혼에 대하여」라는 글이 마음에 와 닿는다. 결혼을 하면 보통 서로에게 물들어야 한다고 생각하는데, 각자가 자신의 영역에서 바로 설 수 있도록 도와야 한다는 내용으로 현실적이면서도 참 의미 있는 조언이란 생각이 든다.

## 결혼에 대하여

함께 있되 거리를 두라.

그래서 하늘 바람이 너희 사이에서 춤추게 하라.

서로 사랑하라. 그러나 사랑으로 구속하지는 말라.

그보다 너희 영혼과 영혼의 두 언덕 사이에 출렁이는 바다를 놓아 두라.

서로의 잔을 채워 주되 한쪽의 잔만을 마시지 말라.

서로의 빵을 주되 한쪽의 빵만을 먹지 말라.

함께 노래하고 춤추며 즐거워하되 서로는 혼자 있게 하라.

마치 현악기의 줄들이 하나의 음악을 울릴지라도 줄은 서로 혼자이듯이.

서로 가슴을 주라. 그러나 서로의 가슴 속에 묶어 두지는 말라.

오직 큰 생명의 손길만이 너희의 가슴을 간직할 수 있다.

함께 서 있으라. 그러나 너무 가까이 서 있지는 말라.

사원의 기둥들도 서로 떨어져 있고 참나무와 삼나무는 서로의 그늘 속에선 자랄 수 없다.

― 칼릴 지브란 「예언자」 中

결혼은 수십 년 동안 다른 환경에서 다른 생각과 행동을 하며 살아오던 남녀가 가족으로 묶이는 일이다. 결코 서로에 대한 사랑의 감정 하나만으로 되는 것이 아니다. 결혼 후에도 꿈길을 걷고 싶다면, 배우자의 우물을 이해하고 존중함으로써 꿈길을 걸을 수 있도록 응원하고 지원해야 한다. 그러다 보면 나 역시 꿈길을 걷게 된다. 인생을 살아가면서 꿈길에 가까워지는 서로의 모습을 보며 활짝 미소 지을 날이 올 것이다.

# 덕후들이 트렌드를 바꾼다!
# 취향의 심화

　'덕후'는 본래 어떤 분야에 마니아 이상의 열정과 흥미를 가지고 있지만 사회성이 부족한 사람을 뜻하는 일본어 '오타쿠'를 한국식 발음으로 바꿔 부른 '오덕후'의 줄임말이다. 덕후들을 '은둔형 외톨이'로 바라보던 기존의 부정적인 시선이 언제부턴가 180도 달라졌다. 이제 덕후는 혼자 집안에 틀어박혀 자신만의 관심사에 몰두하는 은둔형 외톨이를 지칭하는 말이 아니다. 자신의 관심 분야에 무한한 애정과 열정을 쏟은 결과 '학위 없는 전문가'로까지 불릴 정도로 그 특별한 능력을 인정받고 있다.

　한눈팔기를 실천한 다양한 사람들의 사례를 조사하면서 본업 외 다른 분야에 조건 없는 열정을 쏟고 몰입하는 덕후들의 스토리가 꽤 흥미롭게 다가왔다. 이들이야말로 자신에게 적합한 우물을 적극적으로 찾아 나서 자신만의 방법으로 즐기고 있는 열정적인 한눈팔기 고수들이라는 생각이 들었다.

연예계 대표 덕후로 유명한 배우 심형탁 씨. 그는 잘 알려신 대로 도라에몽 덕후다. 누가 봐도 떳떳한 배우라는 직업에, 잘생긴 외모를 가진 그의 '덕밍아웃자신의 덕후 성향을 주변 사람들에게 공개하는 것'은 부정적이었던 덕후의 이미지를 긍정적으로 변화시키는 전환점이 됐다. 도라에몽 박물관을 연상케 하는 그의 집에는 피규어, 침대, 시계, 로봇 심지어 속옷까지 수많은 도라에몽 관련 아이템으로 가득 차 있었다. 뿐만 아니라 만화의 매회 에피소드를 줄줄 꿰고 있는 등 오랜 '덕질자신이 좋아하는 분야에 심취하여 열정적으로 관련 활동을 하는 것'을 토대로 한 심도 깊은 지식을 보유하고 있었다.

더욱이 그는 덕밍아웃 후에 도라에몽 영화 더빙에도 직접 참여하게 됐고, 도라에몽 작화감독인 신가키 시게후미 감독과의 저녁 식사 자리에서 도라에몽 그림과 사인을 선물로 받는 영광을 안으며, 그야말로 '성공한 덕후', '성덕'의 경지에 올랐다. 사방이 도라에몽으로 둘러싸여 아이처럼 신나게 웃고 있는 그의 모습을 TV나 기사로 볼 때면, 어른이 되어서도 마치 순수한 아이처럼 아무런 조건 없이 애정을 쏟아 부으며 행복감을 느낄 수 있는 대상이 있다는 게 부럽기도 하고 진심으로 그를 응원하는 마음이 생긴다.

한편 연예인뿐만 아니라 일반인 덕후들 중에도 세상을 깜짝 놀라게 하는 그야말로 놀라운 능력을 보여주는 이들이 많다. 한 프로그램에 등장한 시장 덕후는 그냥 시장이 좋아서 전국 방방곡곡의 전통시장을 다 돌아다녔다. 잠깐 발 도장만 찍고 오는 수준이 아니라 국내 1,000곳이 넘는 전통시장 각각의 특징을 꿰고 있을 정도다. 덕분에 맛도 보지 않고 오직 눈으로만 보고도 통닭이 어느 시장에서 파는 것인지를 알아맞혔다.

또한 종이로봇 덕후는 오직 손과 종이만으로 50원짜리 동전만 한 크기부터 어른 키만 한 로봇을 척척 만들어낸다. 종이로 만들었는데도 로봇의 관절까지 움직일 정도로 세심한 표현은 기본이다. 도로 덕후는 전국의 수많은 도로 중 단지 터널 입구 사진을 보고 터널 이름을, 실선만 보고도 도로 이름을 맞혔으며, 도로의 역사, 각각의 휴게소에 소문난 먹거리까지 줄줄 꿰고 있는 범상치 않은 능력을 보여줬다.

## 호기심과 지적쾌감을 온 몸으로 받아들이자

세상의 별별 덕후를 자처하는 사람들이 많아졌다. 덕후들 중에는 취미를 일로 삼아 '덕업일치덕질과 업(業)이 일치하는 상태로, 좋아하는 일을 직업으로 삼는 것'를 이룬 사람도 있지만, 본업을 가지고 있으면서도 그와 별개로 자신이 좋아하는 분야에도 한눈팔아 열정적으로 에너지를 쏟는 덕후들 역시 상당히 많다. 일 외에 좋아하는 대상 또는 하고 싶은 일이 이젠 보통 사람들이 생각하는 '한낱 취미'가 아니라, 전문적인 지식 또는 특별한 재능으로 인정받을 수 있다는 것을 보여준다.

수많은 덕후들의 스토리에 주목하다 보니 대부분의 덕후들이 덕질에 빠져들게 된 역사적인 순간은 바로 호기심과 호기심이 충족됐을 때의 강렬한 쾌감에서 비롯됐다는 것을 알게 됐다. "이게 뭘까?", "왜 이런 걸까?" 좀 더 알고 싶고, 직접 경험해보고 싶다는 호기심. 강력한 호기심이 채워지는 순간에는 몸의 반응이 동반된다. 지적 떨림, 지적 전율이 온몸을 휘감으면 그때부터는 그 우물에서 헤어 나올 수 없게 된다.

호기심. 이제 막 한눈팔기에 눈을 뜨기 시작한 독자들이 주목해야 할 단어다. 누구나 어릴 적엔 "이게 뭐야?", "왜 그런 거야?"라는 말을 달고 살았다. 그만큼 세상 모든 것이 궁금했고 작은 것 하나도 호기심 어린 눈으로 바라봤다. 지금의 우리는 어떠한가? 당장 먹고사는 문제가 더 중요해서, 세상의 많은 것을 알게 돼서 그 어떠한 이유에서든 실제로 많은 사람이 나이가 들면서 호기심을 잃어간다. 사실 지적 호기심을 지적 쾌감으로 바꾸는 교육이 이루어졌다면 호기심이 더 오래 유지되었을지 모르지만, 안타깝게도 우리나라의 주입식 교육 현실에서는 불가능한 일이다.

쓸모 있는 일에만 관심 갖고 집중하는 시대에 보상이나 결과와 상관없이 쓸모없는 일에 몰입하는 덕후들. 각박한 사회에서 아이 같은 호기심을 유지하고 있는 그들은 한 우물만 파는 데 익숙해진 사람들이 추구해야 할 이상적인 인간상이다.

호기심을 가지면 한 우물만 파느라 다른 우물에는 전혀 관심 없던 사람도 시간이 지날수록 조금씩 다른 일을 시도하게 된다. 그동안 파온 우물에서 조금만 벗어나 호기심을 갖기 시작하면 주변의 모든 것이 새롭고 궁금한 것투성이기 때문이다. 호기심이 탐구심으로 연결된다면 머지않아 호기심이 충족됨에 따른 기분 좋은 쾌감에 빠지게 된다. 그 과정에서 개방적인 사고를 갖게 되고 하물며 젊음까지 유지할 수 있다.


"사실 뇌에 기분 좋은 지적 자극, 지적 쾌감을 주는 일만큼 뇌가 좋아하는 일도 없다. 생각해보라. 좋은 책을 읽을 때, 멋진 강연을 들을 때 좋은 교양 다큐를 볼 때, '와아~ 그래서 그렇구나!' 무릎을 칠 때가 있다. 이럴 때 우리 뇌에는 불이 번쩍 켜진다. 뇌 과학에선 이것을 '아하 체험'이라고 부른다. 바로 젊음과 건강의 비결이다."

— 이시형 『뇌력혁명』中


뇌 의학 분야에서 세계적인 명성을 얻고 있는 다니엘 G. 에이멘 Daniel G. Amen도 새로운 언어나 악기를 배우거나, 평생 새로운 것을 경험하고 배우고자 하는 마음을 유지하고, 호기심을 잃지 않으면 나이가 들어도 젊고 아름다운 뇌를 가질 수 있다고 조언했다. 두뇌 안티에이징에 끝없는 호기심과 탐구심만큼 좋은 것도 없다는 것이다. 미국의 한 대학 연구팀이 밝혀낸 바에 따르면 뇌의 본격적인 노화는 27세부터 시작된다고 한다. 노화를 늦추려면 더는 시간을 지체해서는 안 된다는 경각심이 들지 않는가?

### 한눈판 우물에 몰입해가는 3단계

한눈팔기에 입문한 당신도 덕후처럼 학위 없는 전문가로 인정받고 싶다면, 다음의 3단계를 밟아 나가보자. 물론 단기간에 전문가로 인정받기는 어렵겠지만 한눈팔기 시작한 우물에서 쉽게 지치지 않고 꾸준함을 유지하는 데 도움이 될 것이다.

1단계_ 매주 도전과제, 미션을 부여해 우물을 꾸준히 파자.
2단계_ 우물을 즐기는 나만의 철학, 나만의 방법을 만들자.
3단계_ 나만의 콘텐츠를 만든다.

**1단계_ 매주 도전과제, 또는 미션을 부여하여 꾸준히 즐길 수 있도록 해보자**

막상 한눈팔기를 시작하려니 "한 우물을 파기도 바쁜데 다른 우물에 한눈팔 시간이 어디 있어?"라는 생각에 한숨부터 나오는 분도 있을 것이다. 하지만 앞서 강조했듯 우리가 한눈파는 우물은 어쩔 수 없이 떠밀려 하는 일이 아니라 좋아하는 일이다. 처음 시작이 어려워서 그렇지 일단 시작하면 생각보다 큰 재미와 만족감을 경험하게 된다. 그래서 한 우물을 파느라 지치고 힘든 와중에도 큰 스트레스 없이 즐겁게 한눈팔기를 지속할 수 있기도 하고, 반대로 재미는 있지만 해도 그만 안 해도 그만이라는 생각에 손에서 쉽게 놓아버릴 수도 있다. 지금 말한 각각의 경우는 사람에 따라 다르다.

한눈파는 우물에 삽을 꽂기 시작했다면, 매주 도전과제 또는 미션을 부여해 조금씩이라도 잊지 말고 실천해보자. 일이든 학업이든 중점적으로 파는 우물에서는 누구나 당연하게 목표와 계획을 세운다. 언제까지 어떤 목표를 달성하겠다, 그리고 그 목표를 이루기 위해서는 어떤 행동이 뒤따라야 한다는 계획을 세운다. 하지만 2순위, 3순위의 우물 특히 취미나 사소한 일들에는 굳이 계획이나 목표가 필요하지 않다고 생각하기 쉽다. 그만큼 가볍게 생각하기 때문이다. 그만큼 쉽게 할 수 있고, 아예 하지 않을 수도 있다.

나는 일요일마다 다음 주 계획을 세운다. 일과 관련된 한 우물 말고도 취미, 배움과 관련해서도 목표와 계획을 세우고 지켜나가려고 한다. 게임을 하듯 일종의 미션이라 생각하고 성공 여부를 표시한다. 한눈파는 우물을 그저 심심풀이가 아니라 나에게 긍정적인 영향을 미치는 우물로 발전시키기 위해서는 꾸준함이 필요하다.

## 2단계_ 우물을 즐기는 나만의 철학과 방법을 만들자

한눈팔기를 통해 자신만의 경쟁력을 갖추기 위해서는 나만의 철학, 방법이 있어야 한다고 앞에서도 여러 번 강조했다. 구체적으로 들여다보면 이렇다.

한눈을 팔고 있는 우물을 대표해 이름이 붙다 보니 종이 덕후, 냉면 덕후, 프라모델 덕후 등 각각의 카테고리에 해당하는 덕후들이 사실 한둘은 아니다. 적게는 수십 명, 많게는 수백 명 가까이 되지 않을까? 그런데 각 분야의 덕후들을 면면이 살펴보면, 누구 하나 남과 똑같은 방식으로 우물을 파고 있거나 똑같은 능력을 발휘하고 있지 않다. 각양각색이다. 우리는 이 사실에 주목할 필요가 있다.

내 주변에만 해도 냉면 덕후가 여럿 있다. 맛있다고 소문난 냉면을 먹기 위해서라면 먼 거리도 마다치 않고 달려가고, 지역별 냉면 맛집을 술술 꿰고 있으며, 한겨울에도 시원한 국물과 쫄깃한 면발의 식감을 못 잊어 시린 손을 불어가며 냉면을 먹어본 경험을 갖고 있는 등 다들 냉면에서라면 할 말이 많다는 사람들이다.

그렇다고 그들이 모두 같은 방법으로 냉면을 먹고, 즐기는 것은 아니다. 냉면을 대하는 소위 자신만의 철학, 냉면을 즐기는 방법 등은 저마다 다르다. 한 냉면 덕후는 전국을 돌아다니며 맛집 명함을 수집하는 데 열을 올린다. 130~150장가량 되는 명함들은 그가 직접 맛보고 엄선한 최고의 냉면집에서 가져온 것들이다. 가끔 명함에

**166**

사장님 사인을 받기도 하는데, 그런 가게는 냉면 맛을 잊지 못해 자주 방문하는 곳이다. 또 다른 냉면 덕후는 육수 맛만 봐도 어느 냉면 맛집의 냉면인지 알아차릴 수 있을 거라고 자신한다. 그는 절대 면을 가위로 자르지 않고, 처음에는 식초나 겨자를 넣지 않은 육수 본연의 맛을 즐기다가 반 정도 먹은 후부터 겨자를 살짝 뿌려 먹는다. 게다가 냉면의 유래와 역사, 이야기 등을 줄줄 꿰고 있다.

그들은 누가 뭐래도 냉면을 자신만의 방법으로 즐기고, 그 과정에서 충분한 만족감을 느끼고 있었다. 그리 대단하지 않아도, 정답이 아닐지라도, 소박하지만 자신만의 방법으로 즐거움을 만끽하는 사람들. 일 외의 다른 우물을 팔 때는 이런 자세가 필요하다. 당신이 한눈파는 우물은 애초에 만들어져 있었던 것도 아니고, 누군가 당신을 대신해 만들어 놓은 것도 아니다. 바로 당신이 만드는 것이다. 기획부터 설계, 인테리어 모두 당신의 손에 달렸다. 나만의 방식대로 자유롭게, 하고 싶은 대로 즐기면 된다.

우리는 하루 10시간 이상 책상에 앉아 교과서 속 정답을 외우고, 선생님의 수업 내용을 무비판적으로 주입받는 교육을 받아왔다. 게다가 요즘은 스마트폰 덕분에 문제에 대해 깊이 생각할 필요도 없이 언제 어디서든 빠르고 간편하게 정답을 찾을 수 있다. 그래서 어떠한 상황에서든 정답만 찾으려는 강박관념이 있다. 그러나 이제는 정해진 정답을 빠르게 찾는 것보다, 적절한 질문으로 나만의 새로운 답을 만들어 내는 능력이 경쟁력인 시대다. 제조경제에서 지식경제 사회로 변모하면서 가장 중요한 과제가 획일성을 탈피하고 창의성을 기르는 것이기 때문이다.

우물을 파기 시작했다면, 본인이 교수가 되어 학과를 하나 개설했다는 생각으로 나만의 커리큘럼, 교수법, 목표를 세워보자. 냉면학과, 사진학과, 그림학과, 프라모델학과, 시장학과 등 어떤 학과를 개설할지 정하는 것 역시 자유다. 교수이자 수강생은 다른 누구도 아닌 바로 당신이니 말이다. 단, 자신과 끊임없이 대화하면서 재미있는지, 충분히 즐기고 있는지 묻고 답하는 과정을 빠트리지 말아야 한다. 부정적인 답변이 나올 땐 커리큘럼, 교수법, 목표 등을 약간씩 수정해보면서 계속 묻고 답하길 멈추지 말자.

### 3단계_ 나만의 콘텐츠를 만든다

정보통신기술이 발달하면서 이젠 누구나 언제 어디서든 손쉽게 자신만의 콘텐츠를 만들어 전파할 수 있게 됐다. 모바일 기기를 기반으로 하여 퍼스널미디어에 대한 접근이 용이해지면서, 콘텐츠에 대한 반응도 거의 실시간으로 확인 가능하다.

소위 성공한 덕후라고 불리는 사람 중에는 단순히 자신의 SNS 계정을 통해 덕밍아웃을 선언하는 수준을 넘어, 자신의 우물에서 자기만의 방법으로 만들어낸 결과물을 콘텐츠로 만들어 공유하는 사람이 많다. 그런 콘텐츠들이 대중에게 인기를 얻어 상품화된다거나, 덕질을 직업으로 삼는 덕업일치를 실현하기도 하고, 준전문가로 인정받아 소통과 경험의 폭이 더 넓어지기도 한다.

나는 한 웹툰을 보다가 그 기발함에 놀란 적이 있었다. 이순신과 그의 라이벌 원균이 SNS 메신저를 통해 대화를 나누고, 문종은 대포 덕후, 태종은 쑥갓을 싫어하는 편식쟁이로 나온다. 교과서에서 봤던 역사적 인물들이 마치 현실 세계로 타임머신을 타고 온 듯한 착각마저 들 정도다. 각 인물 간의 메신저 대화를 훔쳐보며 고등학교 졸업 후 가물가물해진 역사적 사실, 이야기들을 다시 한 번 찾아보게 되는 묘한 매력이 있었다.

작가는 역시 역사 덕후였다. 그것도 고등학생 때 정조의 초상화를 보고 반해 머그잔과 티셔츠를 만들자고 제안하는 것에서 시작해 팬클럽을 운영할 정도였다. 한 프로그램에서 "정조를 현실로 소환한다면?"이라고 작가에게 던진 질문에 "'아버님에 대한 역사적 사료를 백업이라도 해두시지 왜 없애셨어요'라고 묻고 싶다"고 답했다. 사료가 부족해 애를 먹고 있는 작가로서의 투정 아닌 투정이 묻어난다.

디자인을 전공한 작가는 자신이 좋아하는 역사라는 우물로 웹툰의 형식을 빌려 누구도 따라 하지 못할 재기발랄한 콘텐츠를 생산하고 있다. 덕분에 그녀의 웹툰을 보며 역사에 흥미를 가져 시험에서 좋은 성적을 거뒀다는 학생도 있고, 부모님이 자녀에게 역사 공부를 위해 이 웹툰을 보라고 권하기도 하고, 역사에 대한 관심에서 멀어졌던 어른들이 다시 역사책을 펼치기 시작했다고 하니, 덕후의 능력이 세상에 긍정적인 영향을 미치고 있음을 실감한다.

자신만의 콘텐츠를 SNS에 게시해 큰 인기를 얻은 또 한 명의 덕후를 소개하려 한다. 미니어처 덕후에서 시작해 미니어처 공예가로 덕업일치한 주인공은 우연히 미니어처를 만드는 재미에 빠진 평범한 주부다. 그녀는 미니어처 제작하는 방법을 사람들과 공유하면 어떨까 하는 생각에 제작과정을 영상으로 만들어 다양한 SNS 채널에 올렸다. 혼자 즐기던 취미를 그저 영상으로 찍어서 인터넷 공간으로 옮기기만 했을 뿐인데 그로 인해 많은 변화가 생겼다. 그녀의 블로그 구독자는 1만여 명이 넘었고, 유튜브 영상 누적 조회 수는 5,000만 회를 넘었다. 그에 따른 광고 수익도 발생했다.

엄지손가락 한 마디 정도 될까 싶은 아주 작은 크기의 갑 티슈, 삼각김밥, 탕수육, 냉장고 등 미니어처로 못 만들 것이 없어 보이는데, 불가능할 거라고 생각했던 실제로 갈리는 믹서기까지 만들었다. 엄지손가락 길이만 한 아주 작은 믹서기인데 삭은 오렌지 조각을 넣으면 실제로 주스로 갈린다.

1인 방송 시장이 초반에는 먹방, 게임 등 다소 자극적인 콘텐츠 위주였다면, 지금은 그녀의 콘텐츠처럼 실생활, 취미 등에 유용한 정보

**170**

를 제공하는 창작물이 대세라고 한다.

무언가에 푹 빠져있는 사람들을 보고 보통 '미쳐있다'는 표현을 쓴다. 남들은 "왜 하필이면 쓸데없이 그런 것에 힘을 쏟아"라고 여길 만한 사소하고 쓸모없어 보이는 일일지라도, 성심성의껏 정성을 기울이고 재미를 느끼는 것만으로도 분명 삶은 달라진다는 것을 덕후들은 보여주고 있다.

누구나 덕후가 될 수 있다. 덕후 기질은 누구에게나 내재되어 있지만 스스로 그것을 발견하느냐, 못하느냐에 따라 달라지기 때문이다. 자신의 시간과 열정, 돈을 투자할 만한 가치가 있는지 이것저것 잴 필요 없이, 일단 시작해보면 답이 나온다.

# 세상을 바꾼 돌연변이들은
# 모두 '한눈팔기의 고수'였다

우리가 여러 우물에 한눈을 팔기로 마음먹었다 할지라도 안타깝게도 회사는 계속 우리가 '우물 안 개구리'로 머물러 있길 바라고 있다. 물론 직원 한 사람 한 사람의 역량을 극대화해 업무에 효율적으로 투입함으로써 이윤을 창출하는 것이 회사의 당연한 책무이긴 하지만, 그런 회사의 바람대로 '회사 안 개구리'가 되었을 때 삶이 만족스러웠는가를 물어보면 상당수의 사람이 'No'라는 답할 것이다.

열심히 일해도 커리어는 더디게 쌓이는 듯하고, 내가 가지고 있는 능력, 노동력만 소모되고 있는 느낌이다. 또한 업무 성과는 상사의 공으로 돌아가거나 그저 회사에만 좋은 일일 뿐, 나의 만족감으로 이어지는 일은 적다. 퇴근 후 지친 몸을 이끌고 집에 들어가면, 축 처진 어깨만큼이나 마음도 한없이 가라앉아 회사에서 있었던 일들을 곱씹으며 잔뜩 짜증이 난 채 하루를 마무리하곤 하지 않는가? 이런 증상을 호소하는 사람들에게 "잡생각 말고 일이나 열심히 해"라는 말은 활활 타오르는 불에 기름을 붓는 격이다. 이럴 땐 그냥 "회사에 있을 땐 최선을 다해 일하고, 퇴근 후엔 회사 생각을 최대한 끊고 회사 생각이 나지 않을 정도로 다른 일에 몰입해 봐"라고 말하는 게 좀 더 도움이 되는 조언이 될 수 있다.

하지만 이렇게 조언해줄 수 있는 직장 상사, 동료, 친구들이 과연 얼마나 있을까? 아직까진 일 외에 다른 곳에 관심을 가져 본 사람이 많지 않기 때문이다. 한눈팔기의 힘과 한눈파는 즐거움을 많은 사람들이 직접 경험해야 회사, 사회의 분위기도 차츰 변화해나갈 것이다.


내가 한 중소기업에 다니던 시절, 격주로 토요일 근무를 해야 해서 이에 대한 직원들의 불만이 상당했다. 주 5일 근무가 어느 정도 보편화되어 있는 시대에 토요일 근무가 웬 말이냐며, 직원들은 토요일 근무에 대한 불만을 드러냈다. 하루는 사장님이 직원들의 불만 가득한 목소리에 이렇게 답했다. "만약 토요일에 쉬게 되면 여러분이 멀리 여행을 갈 것이고, 여행을 갔다가 돌아오는 일요일에는 차도 막히고 사람도 많아 복잡할 텐데 그렇게 고생을 하고 월요일을 맞으면 지치고 속이 울렁거려서 일에 집중이 되겠습니까?"라고 말이다. 농담으로 받아들이기에는 너무 진지했고, 진담으로 받아들이기에는 너무 황당했다.

한참이 지나고 나서야 회사는 직원들의 반발에 못 이겨 격주 토요일 근무를 월 1회 토요일 당직근무로 변경했다. 대신 직원들의 근무시간이 줄어드는 것이 아쉬웠는지, 평일 근무시간을 평소보다 20분 앞당겨 기계적으로 전체 근무시간이 줄어들지 않도록 조정했다. 회사의 이 황당한 셈법은 직원들이 자리에 엉덩이만 붙이고 앉아있으면 그 시간만큼 회사에 이익으로 돌아올 것이라는 생각에서 나온 것이었다.

대부분의 회사들은 이렇게 우리가 회사에 오랫동안 머물며 딴 데 한눈팔지 않는 우물 안 개구리가 되길 바라고 있다. 야근을 밥 먹듯이 한다는 말이 나올 정도로, 정시에 퇴근하면 오히려 눈칫밥을 먹어야만 하는 야근 문화에 익숙해진 삶을 살고 있는 것도 이러한 사실과 무관하지 않다.

한 취업 포털이 2015년 12월, 직장인 461명을 대상으로 실시한 '대한민국 직장인의 평균 일상'에 대한 설문조사에 따르면, 요즘 직장인 대부분이 하루 평균 6시간 잠을 자고 하루 평균 10시간 이상 근무하고 있는 것으로 나타났다. 주 5일 기준으로 일주일 평균 야근 횟수가 3.5일이었고, 정시 퇴근하는 날은 평균 1.5일이었다. <잡코리아 (2015)>

기업은 효율성과 생산성을 중요하게 생각하기 때문에 직원들에게 업무가 가중될지라도 신규 직원 채용을 꺼리기 마련이다. 그러다 보니 직원들의 야근이 생활화되고, 상사들도 야근하지 않는 직원을 보면 일이 적어서 일찍 퇴근한다고 여긴다. 또한, 경직된 조직 분위기 탓에 할 일을 다 마치고도 상사가 퇴근할 때까지 눈치 보며 자리를 지키고 앉아 있어야 한다. 상사보다 일찍 퇴근이라도 할라치면 불성실하다거나 버릇없다는 얘길 듣기도 한다. 요즘엔 기업들도 이러한 분위기를 많이 개선해가고 있다고는 하지만, 직장인들이 느끼기에는 아직 미흡한 게 사실이다.

OECD가 삶의 질을 측정하는 지수 중 하나인 '보다 나은 삶의 지수Better Life Index · BLI'에 대한 2015년 보고서를 살펴보면, 한국은 36개의 조사대상 나라 중 '일과 삶의 조화' 부분에서 33위를 기록했다. 장시간 근로로 인해 여가와 개인적인 시간 관리가 부족해 낙제점을 면하지 못한 것이다.

대부분의 직장인이 자의적, 타의적으로 회사에 얽매여 안타깝게도 자기 인생을 돌보는 것에는 소홀한 삶을 살고 있다. 어쩔 수 없이 학창시절 진로 결정은 부모님에 의해, 퇴근 이후의 삶은 회사에 의해 결정되는 인생을 살고 있다고 해도 과언이 아니다. 이러니 회사라는 우물 안 개구리들의 방황은 계속될 수밖에 없다.

물론 일을 열심히 하는 것은 좋다. 하지만 나를 버려가며 나의 삶 없이 오직 회사에만 메여 있는 삶을 살지는 말자. 회사라는 한 우물에서 최고가 되기보다 최선을 다한 후, 또 최선을 다해 한눈팔겠다는 관점의 변화만으로도 회사 일이 즐거워질 수 있다. 말 그대로 콧노래를 흥얼거리며 출근할 수 있다.

C 씨는 회사에서 한마디로 돌연변이로 통하는 사람이었다. 그의 취미는 살사댄스였고, 직장인 연극동호회 활동을 하고 있었다. 한번은 주말에 있을 연극공연 준비를 위해 하루 월차를 냈는데 사람들은 그의 뒤에서 수군거렸다. 상사는 "하라는 일은 열심히 안 하고 딴 데 정신이 팔려 있다"고 대놓고 핀잔을 주기도 했다.

내 생각은 달랐다. 일만 놓고 보면 그는 빈틈없이 자기 일을 충실히 해냈고 무엇보다 행복해 보였다. 아침에 사무실에서 활짝 웃는 얼굴로 사람들에게 인사하는 유일한 사람이었고, 일을 마친 후에 그는 항상 기분 좋게 퇴근했다. 남들이 쉽게 하기 힘든 여러 경험을 즐겁고 용기 있게 해내는 그가 멋있다는 생각이 들었다. 얼마 지나지 않아 그를 부정적인 시선으로 바라보던 사람들의 시선도 부러움, 동경으로 바뀌었다. '행복한 돌연변이'는 그를 보면서 떠오른 말이다.

돌연변이라고 하면 보통 비정상적인 것, 부정적인 것이라고 생각하기 쉽다. 하지만 연구 결과 사실 돌연변이야말로 인류의 진화를 이끌어온 원동력이라는 것이 밝혀졌다. KBS 뉴스 〈인류의 진화 이끌어낸 원동력 '돌연변이'〉에서 보도한 바로는, 유인원에서 진화하여 인간이 두 발로 서서 걷게 된 것은 '둔부 비대증'이란 돌연변이 덕분이었다. 엉덩이 근육으로 몸을 지탱하게 되면서 직립보행이 가능해졌고, 자유로워진 두 손으로 점차 도구를 만들 수 있게 되었다. 또한, 전 세계에 다양한 피부색을 가진 인류가 등장하게 된 것 역시 '백색증'이란 돌연변이의 발견에서 시작됐다. 돌연변이는 변화하는 환경에 적응하고 살아남기 위해 진화한 위대한 생명력이라고 할 수 있다.

우리는 세상을 바꾼 돌연변이들을 여럿 알고 있다. 피카소Pablo Picasso는 미술학교에 진학했지만 규칙적인 학교생활에 적응하지 못하고 학교를 그만둔 적이 있다. 이후 다른 학교로 진학했지만 잘 나가지 않았고 대신 박물관, 카페 등을 수시로 들락거리다 개성과 자유분방한 표현이 돋보이는 프랑스 아방가르드 예술에 관심 갖기 시작했다. 자유로운 영혼을 가진 돌연변이였던 그는 자신만의 독특한 작품을 만들어낸 입체파의 대표적인 화가로 20세기 최고의 거장이라는 평가받고 있다.

한편 바르셀로나에는 건축가 가우디Antoni Gaudi가 남긴 건축물들을 보기 위해 전 세계 관광객들이 몰려든다. 오죽하면 가우디가 바르셀로나를 먹여 살린다는 말이 있을 정도다. 가우디는 당시 절대적인 공식으로 여겨지던 직선과 대칭 위주의 건축 공식을 깨부수고, 기울어진 둥근 선 위주의 파격적이고 혁신적인 건축물을 선보여 사람들을 놀라게 했다. 하지만 당시에는 그의 진가를 인정하는 사람들이 많지 않았다. 오죽하면 바르셀로나 건축학교 졸업식 날 졸업장을 수여하는 자리에서 교장이 가우디에게 "네가 천재인지 미치광이인지는 시간이 지나면 알게 될 것"이라고 말했을 정도다. 결과는 우리가 잘 알고 있듯 행복한 돌연변이 가우디의 승리다.

그뿐인가. 몽상에 빠져 주변 사람들로부터 왕따를 당하기도 했던 작가 조앤 K. 롤링Joan K. Rowling은 전 세계인이 열광한 작품 『해리포터Harry Potter』를 썼고, 학교에서 맨발로 교정을 거니는 괴짜로 유명했던 스티브 잡스는 대학을 자퇴하고 절친 워즈니악Steve Wozniak과 자신의 집 차고에서 '애플'을 설립해 세계 최초로 개인용 컴퓨터를 세상에 내놓았다.

돌연변이라는 말에 대한 선입견 때문에 행복한 돌연변이가 되길 두려워하지 말자. 이기적인 상사와 회사가 바라는 대로 회사라는 우물 안 개구리가 되기보다, 행복한 돌연변이가 되어 내 삶을 주체적으로 이끌어나가는 것이 더 만족도 높은 삶을 사는 방법 중 하나다.

## 당신의 한눈팔기를 방해하는 요소들

### ① 주변의 시선

우리는 다른 사람의 시선을 의식해 어떤 행동을 시도하기도 전에 포기하거나 머뭇거린다. 주변 사람들의 시선은 정답이 아니다. 차라리 남의 시선을 의식할 시간에 '나는 왜 이 일을 하고 싶은가', '왜 그런 마음이 들었는가' 본인의 마음을 깊이 있게 들여다볼 필요가 있다. 스스로 구체적인 질문을 던지며 답을 찾아보는 것이다. 오프라 윈프리Oprah Winfrey는 이렇게 말했다. "제가 인생에서 겪었던 고통의 하나하나가 '다른 사람들이 나를 어떻게 생각할까?' 혼자 걱정한 데서 온 결과라는 것을 이제는 알고 있어요."

내 인생은 어차피 나의 것인데, 사회적으로 물의, 혼란을 빚지 않는 일이라면 어떤 것이든 후회 없이 해보고 그 결과를 당당히 마주하는 것이 진짜 내 삶을 멋지게 사는 방법이 아니겠는가. 당연한 말이지만 안타깝게도 막상 실천으로 옮기지 못하는 사람들이 많다. 마음에 새기자. 세상의 중심은 '나'다.

## ② 완벽주의

완벽주의자들이 어려워하는 게 바로 일단 시작하는 것이다. 사전적 의미로 '완벽주의'는 정해진 시간 또는 한정된 시간 안에 완벽한 상태에 도달하고자 함을 목표로 하는 생각이나 정신 상태를 말한다. 완벽주의가 무조건 좋다거나 나쁘다고 말할 수는 없지만, 장점만큼 단점도 있다. 완벽주의자들은 일이 생각한 대로 또는 계획한 대로 진행되지 않으면 크게 당황한다. 융통성이 부족해 자신이 고집하는 방법 외의 다른 대처법을 생각하기까지 시간이 오래 걸린다. 또한 머릿속에 있는 계획대로 상황 또는 과정이 세팅되지 않고 부족하다고 느껴지면 시작을 위한 첫발조차도 떼기가 힘들다. 완벽해질 때까지 계획을 고치고 또 고치다보니 일의 속도도 더디다.

입시전문가들은 완벽주의라는 덫에 걸린 수험생들에게 만점을 목표로 하는 '만점주의'가 아닌 '합격주의'를 가지라고 말한다. 기대치를 높게 잡고 속도가 더딘 공부법을 택할 것이 아니라, 만점이 아니더라도 합격권에만 들면 된다고 충고한다. 예를 들어 합격에 가까워지기 위해서는 수험서를 완벽하게 1회독 하는 것보다 여러 번 읽는 것이 더 유리한데, 1회독 때부터 너무 완벽하게 읽으려고 토씨 하나하나에 집착하다 보면, 지쳐서 2회독은 엄두도 못 내기 마련이다. 어느 정도 속도를 내면서 수험서를 반복적으로 보는 것이 실력을 쌓는 데 훨씬 도움이 된다고 한다. 공부뿐만 아니라 어떤 일을 할 때든 마찬가지다.

두 가지를 기억하자. 아무것도 하지 않으면, 결국 아무것도 바뀌지 않는다. 그리고 뭐든 처음부터 완벽할 수는 없다. 고민은 적게 하고 좀 부족할지라도 일단 시작해보면 새로운 아이디어 또는 잘 해보고 싶은 마음이 더해져 점차 수정, 보완이 이뤄진다. 결국 처음보다 더 좋은 결과물로 발전해나가는 것이다.

### ③ 시간이 없다는 핑계

"한 우물만 파기도 바쁜데 한눈팔 시간이 어디 있나요? 퇴근하면 자기 전까지 고작 한두 시간밖에 없는 걸요?" 한 마디로 시간이 부족하다는 얘기다. "시간이 없어서 안 돼"라고 자주 말하는 사람은 시간을 계획하기보다 시간에 끌려가는 삶을 살고 있을 가능성이 크다. 또한 '시간이 없다'는 말은 '게으르다'는 말을 정당화하기 위한 가장 손쉬운 핑계로 사용되기도 한다. 단 15분, 20분도 무언가를 하기에는 충분한 시간이다. 그 짧은 시간에 뭘 하겠냐고 의심하기 전에 한 번 시도해보자. 15분이면 한 프로그램에서는 셰프들이 근사한 음식을 만들어낸다. 하루 15분 정도의 가벼운 운동이 건강 증진에 충분하다는 연구결과도 있으며, 15분씩 틈틈이 책을 읽거나 외국어를 공부하면 그 시간이 쌓여 훗날 엄청난 내공으로 다져져 있다.

벤저민 프랭클린Benjamin Franklin의 시간에 대한 인상 깊은 메시지가 있다. "그대는 인생을 사랑하는가? 그렇다면 시간을 낭비하지 말라. 시간은 인생을 이루는 재료이기 때문이다." 시간은 누구에게나 똑같이 24시간이 주어진다. 중점을 두고 있는 한 우물에서는 물론 한눈파는 시간 역시 목표를 세우고 매일 시간을 관리해야 한다. 하루 스케줄을 수정·보완하고 실행, 피드백하는 과정을 잘 관리하다 보면, 더는 시간 때문에 하고 싶은 일을 못 했다는 핑계를 대진 않게 될 것이다.

한눈팔기를 방해하는 요소들을 인지하고 의식적으로 제거해 나간다면 여러분도 행복한 돌연변이가 될 수 있다. 그런 의미에서 방황하고 있는 개구리들에게 차라리 마음껏 하고 싶은 일을 하는 행복한 돌연변이가 되어보길 권한다.

그랬다가 혹여나 상사 또는 회사의 눈 밖에 나면 어쩌냐고 걱정스레 되묻는 사람도 있을 것이다. 어찌 보면 무책임하게 들릴지도 모르겠지만, 그건 온전히 개개인의 몫이다. 그냥 돌연변이가 아닌 행복한 돌연변이가 되라고 말한 것도 바로 그 때문이다. 행복한 사람은 분명 주변 사람들에게 긍정적인 에너지를 확산하기 마련이다. 불만에 가득 찬 찌푸린 얼굴로 꾸역꾸역 눈앞의 일만 처리하기에 바쁜 직원, 상사의 눈치만 보며 설렁설렁 야근비만 축내고 있는 직원의 얼굴을 보는 건 상사 입장에서도 곤욕이다. 대신 업무 외 시간에 열심히 한눈팔며 활력을 얻어 그 긍정적인 에너지를 사무실 내에서 발산한다면, 한눈판다고 색안경을 끼고 보거나 핀잔을 주던 사람들도 곧 당신의 편으로 돌릴 수 있을 것이다. 물론 가장 기본적인 것은 앞서 말한 대로 현재 하는 일을 열심히 하면서 한눈파는 것이다. 한눈팔라는 말이 현재 하고 있는 일을 대충 하라는 뜻은 아니기 때문이다.

한편, 회사와 상사 입장 역시 한눈파는 행복한 돌연변이들을 긍정적으로 바라보고 독려해야 한다. 직원들을 통제하는 회사는 대부분 직원들의 이직이 잦은 편이다. 회사는 직원들에 대한 신뢰가 부족해 세세한 것까지 규제해야 일이 제대로 된다고 생각하기 때문에, 그러지 않으면 통제력을 잃게 되지 않을까 걱정한다. 그러나 직원들은 자율적인 재량과 물질적 자극 요인을 함께 주어야 업무의 효율성이 높아진다. 대부분의 회사들은 그렇지 않다는 것이 문제다. 그러면 직원들은 갈수록 자율적인 의지를 잃고 회사 안에 깊숙이 숨어버리거나, 회사를 떠나간다. 결국 회사로서도 좋을 게 없다.

행복한 돌연변이들이 늘어나 직원 대부분이 열심히 업무하는 동시에 한눈팔기로 행복해질 때, 회사는 직원들을 통제할 때보다 더 큰 업무 효율성과 숙련도, 아이디어 등을 얻게 될 것이다. 회사라는 우물 안 개구리들이 방황을 멈추고 행복한 돌연변이가 되길 응원한다. 하루라도 빨리 당신이 콧노래를 흥얼거리며 출근하는 그 날이 오길 바란다.

# 다른 사람과 나눌 때
# 즐거움은 2배가 된다

보통 가족, 연인, 친한 친구에게는 모든 것을 다 주어도 아깝지 않다는 표현을 쓴다. 소중한 사람을 위해 무언가 하나라도 더 해줄 수 있는 것이 없을까 고민해본 경험, 다들 한 번쯤 있을 것이다. 한눈팔 때도 소중한 사람을 위해 하나라도 더 해주고 싶은 마음을 이용해보자. 그러면 분명한 목적이 생길 것이고 그냥 열심히 하는 것을 넘어 무한한 정성이 담길 것이다. 덤으로 소중한 사람이 행복해하는 모습까지 눈에 담을 수 있는데 마다할 이유가 무엇이 있겠는가?

예를 들면 이런 거다. 나는 항상 그림을 그리고 싶은 열망이 있었다. 그림 그리기에 한눈팔고 싶었다. 문제는 정작 무엇을 그려야 할지 모르겠다는 것이었다. 펜과 종이를 앞에 두고도 뭘 그릴지 고민만 하다가 다른 일에 정신이 팔려 흐지부지되거나, 선을 좀 긋다가 마음에 들지 않아 그만두곤 했다. '내가 정말 그림을 그리고 싶은 게 맞나?' 싶을 정도로 당장 뭘 그려야 할지 모르겠고, 시작하면 기대에 미치지 않는 내 실력에 금세 기분이 상해버리곤 했다.

그런데 여행을 하던 중 '내 눈에 보이는 이 아름다운 풍경을 그림으로 그리고 싶다'는 생각을 하게 됐다. 하지만 안타깝게도 내 실력은 그에 한참 못 미쳤다. 한 번에 욕심내기보다 우물을 천천히 차근차근 파 내려가야 했다. 그림 그리기란 우물에 발을 들여놓고 천천히 정성을 다할 수 있게 된 건 다름 아닌 남편 덕분이었다.

남편 얼굴을 한번 그려보면 좋겠다는 생각이 들었다. 핸드폰 사진을 뒤적이며 잘 나온 사진을 한 장 골라 사진을 보며 따라 그려봤다. 사진을 보고 그린다고 해서 내 그림도 사진과 똑같이 그려지는 건 아니었지만 최대한 비슷하게 그리려고 비율, 명암 하나하나 세심하게 신경 써서 색연필로 색칠까지 했다. 남편이 퇴근 후 그림을 보고 기뻐할 모습을 생각하니, 서툰 실력에 그리는 그림이었지만 재미있고 계속 웃음이 났다. 예상대로 남편은 그림을 보고 함박웃음을 지으며 SNS 프로필 사진을 내가 그려준 그림으로 바꾸기까지 했다. 그때부터였다. 그림 그리기를 새로운 우물로 갖게 된 것이다.

내 주변에는 하루가 다르게 커가는 아이의 예쁜 모습을 사진으로 남기고 싶어서 사진을 찍기 시작해 이제는 매년 한 권씩 가족만의 사진집을 내는 아빠도 있다. 어머니의 생신에 드릴 의미 있는 선물이 뭐가 있을까 고민하다가 손수 만든 케이크를 전해드리고 싶어 앙금플라워케익을 배웠는데 그 재미에 흠뻑 빠져 창업까지 하게 된 친구도 있다. 이들은 소중한 사람을 기쁘게 해주고 싶다는 마음 하나로 우연히 다른 우물에 눈을 돌렸다가 그 일에 푹 빠지게 된 것이다.

소중한 사람을 행복하게 하는 것을 염두에 두고 우물을 파는 것과 혼자 묵묵히 우물을 파는 것의 가장 큰 차이점은 바로 '정성'이 가미되는 정도일 것이다.

누군가의 행복한 미소를 떠올리며 우물을 팔 때는 손에 더욱 힘이 들어간다. 더 강한 몰입을 경험하며 심장에 미세한 떨림이 동반된다. 실력이 뛰어나진 않더라도 자신의 재능을 활용해 마음을 전하면, 상대는 그 정성에 감동한다. 상대방이 표현하는 감동과 고마움은 당신이 우물에 더욱 몰입하는 원동력이 된다. 물론 상대가 고마워할 것을 바라고 하는 일은 아니지만, 정성이 가득 담긴 재능을 활용한 선물을 매개로 오가는 따뜻한 말 한마디와 서로를 생각하는 마음은 상대와의 관계를 한 단계 더 발전시키는 것은 물론이고, 한눈파는 우물을 힘 있게 파 내려가는 데도 분명 큰 힘이 된다.

유명한 심리학자 B. F. 스키너B. F. Skinner는 선행에 대해 칭찬을 받은 사람은 나쁜 행동에 대해 벌을 받은 사람보다 더 빨리 배우고 배운 것을 훨씬 더 효과적으로 습득한다는 것을 실험을 통해 증명했다. 원래 사람은 비난이나 꾸중을 듣는 것보다 격려와 칭찬을 받을 때 긍정적인 변화를 이뤄내기가 훨씬 쉽다.

즐거워야 한다. 즐겁고, 하고 싶고, 할 수 있다는 마음이 들어야 최선의 실력이 나온다. 당신의 재능을 소중한 사람에게 선물함으로써 그들도 당신과 당신이 한눈파는 우물을 더 관심 갖고 지켜볼 것이며 작은 성장에도 크게 기뻐해 줄 것이다. 타고난 뛰어난 재능이 아니면 어떤가. 서툴지만 새로운 우물에서 서서히 계발해나가는 재능에 무엇보다 값진 정성이 담기면 본인에게는 더 큰 성장을, 상대방에게는 무엇과도 바꿀 수 없는 감동을 전할 수 있는데 말이다.

방법을 몰라서 또는 부끄럽다는 이유로 소중한 사람에게 고마움을 표현하지 못하고, 마음과 다르게 퉁명스러운 말만 내뱉을 때가 있다. 그럴 때 굳이 "사랑해", "고마워"라는 낯부끄러운 말이 아니더라도 괜찮다. 새로운 우물을 파면서도 늘 당신을 소중히 생각하고 있었고 당신을 위해 이런 결과물을 만들었다는 사실이 상대방에게 더 큰 감동을 주고, 잊지 못할 추억으로 남을 것이다. 소중한 사람을 위해 한눈을 팔면 나 혼자만의 즐거움과 만족감보다 더 큰 행복이 더해진다는 점을 느끼게 된다.

주변의 소중한 사람에게 재능을 선물하는 것을 통해 한눈파는 기쁨을 2배로 누렸다면, 어느 정도 시간이 지나 우물이 더 깊어진 뒤에는 당신의 재능을 기부해볼 것을 권한다.

그동안 기부라고 하면 어려운 이웃에게 돈을 기부하거나 몸을 써서 봉사활동을 하는 것으로 여겨왔다. 이제는 큰돈이나 어려운 노력을 들이지 않고도 자신이 가진 재능이나 전문분야의 지식 등을 이웃과 함께 나누는 '재능 기부'가 주목을 받고 있다. 기부보다 나눔이라는 표현이 심리적 거리감을 더 좁혀줄 수 있겠다.

천국과 지옥의 숟가락 이야기를 들어본 적이 있는가? 천국과 지옥의 사람들은 모두 1미터가 넘는 긴 숟가락으로 식사한다고 한다. 그들에겐 모두 진수성찬이 차려지지만 지옥에 있는 사람들은 모두 야위어 삐쩍 말라있고, 천국에 있는 사람들은 잘 먹고 건강하더라고 한다. 그 이유는 천국과 지옥의 사뭇 다른 밥 먹는 풍경을 보고 나면 답이 나온다. 지옥에서는 모두가 긴 숟가락으로 음식을 떠서 자기 입에만 넣으려고 하니 팔이 닿지 않아 음식을 먹을 수가 없다. 반면 천국에서는 서로서로에게 음식을 먹여주니 똑같이 긴 숟가락을 가지고도 배불리 식사할 수 있던 것이다.

'나눔'과 '배려'가 천국과 지옥을 구분 짓는다. 당신의 나눔이 우리 사회를 천국으로 만들 수 있다. 그것도 한눈팔기를 통해 나만의 우물을 파면서 말이다.

'나는 남에게 도움이 될 만한 재능이 전혀 없는걸', '나 같은 아마추어가 어떻게 남을 도울 수 있겠어'라는 생각하는 사람들이 분명히 있을 것이다. 하지만 재능을 나눈다는 건 어렵고 거창한 일이 아니다. 이전까지는 단순 자원봉사활동이 주로 이루어졌다면 이제는 수혜자의 필요와 봉사자의 재능을 매칭한 맞춤형 재능 나눔이 활발해지고 있다.

나의 경우에는 대학생 때 꽤 오랜 기간 목소리 나눔 활동을 했다. 책을 볼 수 없는 시각장애인들을 위해 도서를 낭독하여 음성도서를 만드는 작업이다. 한 권의 책을 마무리하기까지 오랜 시간이 걸리지만 내 목소리로 만들어진 하나의 책이 누군가의 눈과 귀가 될 수 있다는 사실에 큰 보람을 느꼈다. 눈에 그려지듯 낭독하는 것에 각별히 신경 써야 하다 보니 발음과 표현력에 더욱 주의하게 되었고, 결과적으로는 즐거움에서 시작한 일 덕분에 어느새 내 실력이 더욱 향상되고 있는 것을 느꼈다.

나 역시 처음 나눔 활동을 시작할 당시, 내가 누군가를 도울 수 있을 정도의 실력을 갖추었을지에 대해 고민하며, 자신감을 갖지 못했다. 하지만 도서관 관계자분은 "모두가 그런 고민을 안고 오시지만, 낭독할 때 겉멋과 온갖 기교만 뽐내는 분들보다는 실력은 좀 미숙할지 모르지만 나보다 어려운 사람을 위해 힘을 보태고 싶다는 진심이 느껴지게 낭독하는 분들의 녹음 도서를 시각장애인분들이 더 편하게 생각해요"라고 말했다. 이 한마디가 나에게도 얼마나 큰 힘이 됐는지 모른다. 어떠한 강제성이 주어지는 것보다 더 큰 책임감을 갖게 되었다.

집과 도서관의 거리가 다소 먼 편이어서 매주 한 번씩 버스를 타고 오랜 길을 가야했는데, 귀찮다는 생각보다 이 책을 들을 분들을 떠올리며 녹음실 안까지 두근대는 설렘을 안고 갔다. 녹음이 없는 날에도 혼자 이렇게 저렇게 연습하는 날이 봉사를 시작하기 전보다 훨씬 많아졌다. 나눔을 통해 한눈파는 재미가 커진 것이다.

마음먹으면 누구나 할 수 있다. 취미로 캘리그라피를 해왔다면 자신이 만든 작품을 필요로 하는 이웃에게 나눠줄 수도 있고, 마음이 맞는 사람들과 함께 작업하고 작품을 판매하여 수익금을 도움이 필요한 이웃을 위해 쓸 수도 있다.

물론 자신이 오랜 기간 파온 중심우물에서 쌓아온 능력과 재능을 가지고 나눔 활동을 하는 것도 의미 있겠지만, 자칫 또 다른 일처럼 부담감이 생길 수도 있다. 그러므로 나눔의 첫 시작은 취미, 배움 등 한눈파는 우물에서 시작해보면 좋다. 나눔을 결심하면 한눈파는 우물에서 도달해야 할 구체적인 목표가 생기게 되고, 손끝에 정성을 담게 되며 더 잘해야겠다는 욕심이 생기기 때문이다. 게다가 조금이나마 세상을 이롭게 하는 데 기여할 수 있으니 그보다 큰 보람이 어디 있겠는가.

취미로 냅킨아트를 즐기다가, 배운 재능으로 의미 있는 일을 계획하게 된 독도사랑 동아리 주부들의 이야기도 참 인상 깊었다. 냅킨아트를 배우기 위해 만난 수강생들끼리 독도에 대한 이야기를 나눈 것이 계기가 돼 옷, 가방, 컵 등에 독도사랑 이미지와 문구를 그려 넣어 보다가, 티셔츠에 그림을 그려 사람들에게 나눠주는 캠페인을 벌였다고 한다. 또 주부, 아이들을 대상으로 티셔츠나 부채 등에 직접 독도사랑 이미지를 넣는 무료 원데이 클래스도 진행한다. 주부들은 작은 나눔이 계기가 돼 사람들이 티셔츠를 보며 가끔이나마 우리 땅 독도를 소중히 생각하는 마음을 가질 수 있다는 것에 보람을 느낀다고 말한다.

한편 한 고등학교 선생님인 K 씨는 9년 차 영어교사였다. 어릴 적 꿈은 가수였지만, 음악은 직업으로서가 아닌 꿈으로 즐겨왔다. 홈레코딩 장비를 구입하고 취미 삼아 곡을 만든 그녀는 완성된 곡을 지인들에게 들려주곤 했다. '직접 만든 곡이 맞냐', '대단하다'는 반응이 뒤따랐다. '싱어송라이터'라는 자신만의 우물에 한눈을 팔던 그녀는 음악에 대한 꿈과 열정이 있는 아티스트를 발굴 지원하는 한 음악 프로듀서 그룹을 만나게 되면서 디지털 싱글 앨범까지 내게 됐다. 어릴 적 꿈에 다가서게 된 그녀는 그 기쁨과 즐거움을 제자들과 나누고 있다. 음악에 관심이 있는 학생들을 위해 재능 기부를 실천하고 있다고 한 매체와의 인터뷰에서 밝혔다.

내 취미나 재능이 누군가에게 또는 사회에 보탬이 될 수 있다는 것을 알게 되면 취미 생활도 더 재미있어지고, 자연스레 성취 욕구도 생겨 계속 나눔을 이어갈 수 있다. 내가 할 수 있는 게 없다고 의기소침해 하거나 주저할 필요가 없다. 스스로 잘할 수 있다고 생각하는 그 무언가로, 잘하든 못하든 자신의 실력에서 최선을 다한다면 그 자체로도 다른 이에게 희망이 될 수 있다. 더욱이 요즘은 없는 재능을 만들어서라도 주변 사람을 위해 나누려는 사람들이 늘어나고 있다. 또한 금전적 기부가 대부분 일회성에 그치는 데 반해, 재능 기부는 지속적인 기부를 할 수 있어 더 보람이 크다는 장점이 있다.

당신은 지금 무엇에 한눈팔고 있는가? 그리고 앞으로 무엇에 한눈을 팔 것인가? 그 능력을 활용해 다른 사람을 도울 수 있는 방법은 무엇이 있을까? 곰곰이 생각해보자. 블로그나 페이스북 등 소셜미디어를 활용한 이벤트를 기획할 수도 있고, 자신의 재능을 필요로 하는 이들에게 나누어줄 수 있도록 기부자와 수혜자를 매개하는 재능 나눔 사이트를 활용해도 좋다. 포털에 '재능 나눔', '재능 기부'라고만 검색해도 다양한 사이트가 나온다. 좋은 것은 나눌수록 가치가 더 커진다는 것을 경험하면, 그 맛에 중독돼 헤어나오지 못한다. 한눈팔기의 즐거움이 2배로 커지는 신기한 경험을 직접 해보길 바란다.

# "한눈파는 즐거움과 여유, 없는 게 아니라 만들지 않는 게 문제다." 똑똑도서관 김승수 관장

'두드리면 열릴 것이다'라는 말처럼, '똑똑' 두드리면 손에 책이 쥐어지고 더불어 이웃 간에 정도 쌓인다. '똑똑도서관'의 문을 두드리면 그렇다. 전국에 도서관이란 간판, 번듯한 건물조차 없는 이 도서관의 바람을 일으킨 인물이 있다. 바로 똑똑도서관 김승수 관장. 일반적으로 떠오르는 대학교수의 샤프한 이미지보다 왠지 친근한 옆집 아저씨의 이미지가 잘 어울리는 그는 인터뷰 내내 '재미'라는 단어를 강조했다.

"즐길 수 없으면 피해야 한다."

'피할 수 없으면 즐겨라'라는 말은 익숙한데, 즐길 수 없으면 피하라니. 그가 대학에서 강의를 하면서 30대 중반에 아파트 입주자 대표 일을 맡은 것도 재미에서 시작되었다. "재미있죠. 동네 일을 하면서 여러 가지가 촉발될 수 있다. 아무래도 담당하는 과목이 지역사회복지론이다 보니까 수업내용과도 연관이 있어 더 관심 갖게 됐다"며, 학문적 영역의 우물에서 고개를 돌려 실천적 영역의 우물에 발을 들여놓게 된 계기를 설명했다.

우리가 사는 지역, 마을, 아파트의 일은 주민으로서 당연히 참여하는 게 마땅하지만, "바쁘다", "더 중요한 일이 산더미"라고 외치는 사람들이 많은 요즘 같은 시대에 '입주자 대표'라는 남다른 이력을 가진 김승수 관장. 똑똑도서관은 그가 가진 학문적 지식과 주민 삶의 현장에서 직접 겪은 경험, 지인에게서 들은 아이디어가 결합해 만들어진 결과물이었다.

"예전에는 이웃들끼리 어려운 일이 있으면 서로 돕고, 먹을 것을 가지고 나와 함께 배를 채우며 다 같이 어울렸다. 그렇게 자연스럽게 어우러지던 마을공동체의 모습을 아파트에서도 만들고 싶었다."

하지만 "대부분 아파트에서 주민참여율이 낮은 현실에서 쉽지 않은 일이었을 텐데요"라는 말에 그는 "사람이 안 모인다기보다 모일 거리가 없어서"라고 답했다. 재미가 없으니까 당연히 참여를 안 하는 것이고, 정보도 잘 공유되지 않기 때문이라는 것.

입주자대표가 된 그는 입주자대표회의에 참여하지 못한 주민들이 집에서 TV를 통해 생방송으로 시청할 수 있도록 공개했고, 주민컨퍼런스를 열어 주민들과 지속적으로 만나 그들의 제안과 의견을 하나씩 실현해 나갔다. 자연스럽게 주민들이 한데 모이는 기회가 많아졌다. 그러다 보니 어느덧 여름에는 함께 캠핑도 하고, 몇몇 아빠, 엄마들이 주말에 아이들을 데리고 야구장을 간다든가, 평일에는 전시회를 간다든가 하며 품앗이처럼 살게 됐다. 똑똑도서관 역시 비슷한 맥락에서 탄생했다.

"따로 공간을 두면 돈이 많이 들고 관리가 어렵다는 단점이 있어 고민하다가, 과거에 친구와 공유했던 아이디어에 착안했다. 이웃들 사이에 신뢰와 정이 두텁게 쌓여있었기에 큰 무리 없이 시작할 수 있었다."

주민들 각자가 홈페이지에 소장한 책의 목록을 모아 데이터베이스를 구축한다. 참여한 주민 모두가 사서가 되는 것이다. 책을 빌리고 싶은 사람은 사서와 미리 약속하고 이웃집의 문을 똑똑 두드려 책을 빌리면 된다. 오가는 책 사이에 차츰 정이 쌓이는 건 당연지사.
똑똑도서관의 콘텐츠는 책에만 국한되지 않았다. 한 걸음 더 나아가 각자의 재능을 책처럼 이웃에게 빌려주는 '동네 학습프로그램'으로까지 확대했다. 리본공예, 냅킨아트, 악기, 바느질 등 서로가 잘할 수 있는 것을 가르치고 배우며, 주민들 간의 돈독한 정까지 오갔다. 각자가 가진 우물을 공유하면서 다른 우물에도 새롭게 발을 들여놓게 되는 기회가 열렸다고 볼 수 있고, 무엇보다 이웃들 덕에 삶을 즐겁게 할 자신만의 레크레이션을 갖게 된 것이다.

그는 "대단한 무언가를 한 것이 아니다. 예전에 음식이 오가고, 밥상이 오가던 것처럼 원래 하던 것을 그저 지금 시대에 맞게끔 바꾼 것뿐이다"라고 말했지만, 경제이론이나 경제용어에 머물러 있던 '공유경제'를 학문적 영역의 우물에서 주민들의 소소한 일상인 실천적 영역에 접목한 것은 분명 아무나 실천하기 힘든 일이다. 그 역시 '누구나' 실천할 수 있지만 '아무나' 할 수 있는 일은 아니라며, 상상하는 것이 이루어졌으면 하고 생각만 하기보다 실제로 행동하는 것이 중요하다고 강조했다.


김승수 관장은 똑똑도서관의 사례를 바탕으로 마을공동체와 공유경제 등에 대한 강연을 하고 있다. 그런데 단연 돋보이는 것은 강연 때마다 그가 기타를 연주하며 참석자들과 함께 노래를 부르는 시간을 갖는다는 것이다.

그 역시 2012년 대표직에서 퇴임할 때 주민에게서 기타를 배우기 시작해 거의 매일 연습을 했다고 한다. 프로 음악가나 뮤지션이 되는 게 목적이 아니지만 악기 하나 다룰 수 없는 삶, 레크레이션 없는 삶이 얼마나 무미건조하냐는 말과 함께, 경험상 음악, 미술, 체육 이런 분야에 한눈파는 것은 아이디어를 떠올리거나 새로운 것을 할 수 있는 좋은 계기가 된다고 강조했다.

"사람이 창작활동을 하기 위해서는 쉴 시간이 필요하다. 여행이든, 취미든 새로운 경험을 하며 떠오르는 아이디어를 가지고 중심우물에 와서 아이디어를 결합시키는 작업이 필요한데, 대부분의 사람들은 그걸 논다고 부정적으로 바라본다."

그는 회사가 직원들에게 오히려 "한눈팔라"하고 권해야 한다고 말한다. 한 우물을 제대로 파고 다른 우물에 한눈팔 때, 중심우물에 새로운 경험이 더해져 시너지를 내고 그만큼 더 성장하기 때문이다. 그는 "어떤 우물을 파면 실패와 성취, 생각의 과정을 겪으며 맥락을 이해하는 데 걸리는 시간이 10년 정도 되는 것 같다"고 덧붙였다.

예를 들어 목공을 한다면 나무를 가지고 무언가를 만든다는 행위자체도 중요하지만, 보다 근본적으로 이 나무는 어디에서 왔고, 쓰임이 뭘까, 어떤 곳에서 어떻게 쓰일까 등에 대한 고찰, 생각의 과정을 거쳐야 전체적인 맥락을 이해할 수 있다고 본 것이다.

단순히 유행에 따라서 또는 누군가에게 보여주거나 자랑하기 위해 한눈팔 것이 아니라, 본인의 내면을 찬찬히 들여다보고 10년은 꾸준히 우물을 판다는 생각을 가져야 한다고 말했다. 물론 재미까지 있으면 누가 시키지 않아도 멈출 수 없으니 금상첨화다.

"요즘 아이들은 자기 경험이 없다. 아이들이 자발적 호기심을 가지고 스스로 학습할 수 있도록 이끌어야 하는데 대부분 부모가 만든 경험대로 살아간다. 야구를 탐색하려면 야구장도 가보고 도서관도 가보며 지적 쾌감을 느껴야 하는데 우리나라 교육은 그렇지 않다는 게 안타깝다."

그는 단순히 꿈을 가지라고 권하지 않는다. 그보다, 멀리 찍어놓은 꿈, 상상이 있다면 지금 내가 할 수 있는 것부터 해볼 것을 권한다. 그는 또 "다른 우물을 판다는 것은 결국 자기에 대해 성찰하면서 여러 가지 경험을 고찰하는 것"이라면서, "우물을 선택하는 기준은 자기여야 한다. 잘할 필요도 없고, 실패도 없고, 그러다가 그만두는 것도 멋진 거다. 그만둬야 새로운 것도 할 수 있는 거니까"라고 전했다.

"한 우물만 파는 사람들에게 사람이 왜 사는지 자꾸 물어봐야 한다. 자기 삶을 즐겁게 사는 방법, 여유와 짬을 갖는 시간이 중요한데, '즐거움'과 '여유'가 없는 게 아니라 안 만드는 것이 문제기 때문이다."

우리는 특별한 곳을 가거나, 도시에서 벗어나는 등의 극과 극의 경험을 통해서만 재미를 얻는다고 생각하는 경우가 많다. 하지만 자기 삶에서 할 수 있는 가치 있는 우물을 발견하고 꾸준히 하는 것이 재미라는 것을 김승수 관장은 알려주었다.

# Step 4

한눈팔기가 쉬워지는
7가지 습관

# 마음을 읽는 기술, '기록'을 생활화하자

　사람들은 하루에 몇 가지 정도의 생각을 할까? 최소 1만 2천 가지 정도의 생각을 한다고 한다. 그 생각들은 다 어디로 갔을까? 우리 머리를 아주 잠깐 스쳤다가 그냥 흘러가 버리는 생각들도 있을 테고, 중요성이 떨어져 기억창고의 구석 어딘가에 쌓여있는 생각도 있을 것이다. 그러고 나면 막상 기억에 남는 생각들은 몇 가지 되지 않고, 그마저도 시간이 좀 더 지나면 아예 잊힐 확률이 높다.

　이렇게 사라져버리는 생각 중에는 내면의 내가 나에게 외치는 중요한 마음의 소리도 포함되어 있다. 각자의 마음이 원하는 마음의 소리에 귀를 기울이지 못하고 흘려보내면, 우리는 무엇에 한눈팔면 좋을지 찾는 데 아주 중요한 단서를 없애버린 것과 다름없다. '기록' 은 머릿속에서 흐려지고 사라지는 기억들을 다시 꺼내볼 수 있는 수

단임과 동시에, 발견하지 못하면 사라져버리는 내면에 꼭꼭 숨어 있는 우리 마음을 읽는 최적의 도구이기도 하다.

『메모 습관의 힘』의 저자 신정철 씨는 한 매체와의 인터뷰에서 "흔히들 우리는 메모를 기억의 보조, 보존을 위한 기록물이라고 한다. 저는 그것보다 일상생활에서 문득 떠오르는 잘살아 봐야겠다는 생각을 메모해 곱씹어 보는 성찰省察의 자료로서 메모는 아주 중요한 기록물이라 생각한다. 불시에 떠오르는 생각과 영감靈感을 메모하고 이를 정리하며 스스로에게 질문을 하고 나면 자신이 '무엇을 좋아하고', '무엇을 잘하고', '어떻게 살아야 할지' 등 삶의 방향이 떠오르게 된다. 이게 바로 메모의 힘이다"라고 언급했다.

기록은 우리가 마음의 소리에 귀를 기울여 한눈팔 우물을 찾고, 한눈판 우물들을 결합, 융합하는 데도 유용하게 쓰인다. 경험을 통합하기 위해서는 각각의 개별적인 경험을 들여다보는 것도 물론 중요하지만 더 큰 삶의 그림을 펼쳐놓고 바라봐야 하는데, 머릿속 생각만으로는 한계가 있다. 쓰지 않고 머리로만 생각하다 보면 생각이 뒤섞여 뒤죽박죽 혼란스러운데 정리는 잘 안 되고, 자신을 객관적으로 바라보지 못하기 때문에 이성적인 판단을 내리기 어렵다.

기록이라는 것은 바로 마음속 생각을 글로 씀으로써 머리 밖으로 꺼내어 나를 객관적으로 바라볼 수 있게끔 만드는 유용한 수단이다. '중이 제 머리 못 깎는다'는 말이 있듯, 사람들이 보통 다른 사람의 일에는 현실적이고 실질적인 조언을 해주지만, 유독 자기 일에서는 현명한 판단을 내리지 못하거나 남의 조언을 빌려야 하는 경우가 많다. 자신을 객관적으로 바라보지 못하기 때문이다. 그럴 땐 머리를 부여잡고 고민만 하기보다 머릿속 생각들을 글로 꺼내어보는 게 현명한 판단에 도움이 된다. 우리는 글을 쓰면서 자신의 중심을 세움과 동시에, 자기중심적인 사고에서 벗어나 관찰자로서의 나와 마주하게 된다.

나는 마음이 답답하거나 머릿속이 복잡할 때 노트에 끄적끄적 쓰는 것을 좋아한다. 키워드 중심의 단어 나열일 때도 있고, 나에게 쓰는 편지 형식일 때도 있고, 그저 그런 낙서일 때도 있다. 회사에서 일이 잘 풀리지 않아 답답할 때나, 기분이 좋지 않을 때 어김없이 노트를 꺼내어 잠깐이라도 이것저것 적는 시간을 가졌다. 그저 떠오르는 생각들을 적었을 뿐이다. 어느 날 무심코 노트의 첫 장부터 쭉 읽어 내려가기 시작했다. 노트에는 어디로 가버렸는지 잊혀가고 있었던 한 달 전, 3개월 전, 1년 전 나의 마음이 고스란히 담겨있었다. 누구보다 내가 나를 가장 잘 안다고 생각했는데, 그때의 감정들을 다시 꺼내어보니 낯설기 짝이 없었다. 소중한 나의 마음을 다시 만나니 반갑고, 왠지 모르게 심장이 뛰었다.

"안정된 회사에 다니는 것이 진짜 안정일까? 가장 안정적인 직장은 나 스스로가 안정적인 기업이 되는 것"이라고 적힌 나의 생각을 발견하곤, 그 옆에 덧붙여 앞으로 나아갈 방향과 글을 연재하겠다는 결심, 여행 노트 정리, 심리 관련 수업, 캘리그라피 배우기 등 해보고 싶은 일들을 새로이 적었다. 그리고 며칠 뒤, 노트에는 하고 싶은 일들을 실제로 실행하는 데 필요한 정보들을 덧붙였다. 노트가 한 장 한 장 넘어갈수록 하고 싶은 일들은 구체화되어 실제로 지금 잘 하고 있는 것들도 있고, 관심에서 다소 멀어진 것들도 있다. 이러한 기록들은 글로 적은 지 불과 한 달이 지난 뒤에 꺼내 봐도 새롭다. 그만큼 많은 생각과 고민을 하며 살아가고 있다는 것이다. 인생을 살아가면서 시시각각 변하는 생각의 흐름을 기록함으로써 언제든 다시 꺼내볼 수 있다는 것만으로도 인생을 열심히 살고 있다는 뿌듯함이 느껴진다.

나는 기록을 통해 내 마음의 소리에 집중했고, 한눈팔고 싶은 나의 마음을 들여다보았으며, 한눈팔 대상에 대한 정보와 노하우들을 차곡차곡 노트에 기록해 한눈파는 데 활용했다. 긴 글이 아니더라도 한두 줄의 짧은 글도 좋다. 그것도 귀찮다면 단어 중심의 키워드로 기록해도 된다. 쓰는 행위를 두려워하는 사람들도 있는데, 글을 잘 쓰는 능력은 결코 중요하지 않다. 그저 본인의 생각을 꺼내어 볼 수 있다면 단 몇 줄의 짧은 메모나 단어도 좋고, 그림도 좋다. 다만 중요한 것은 컴퓨터에 타이핑할 것이 아니라, 손에 펜을 들고 종이와 마주하는 시간을 가져야 한다는 것이다. 펜을 들고 머뭇거리는 시간 속에 스쳐 가는 생각, 펜을 꾹꾹 눌러쓰며 적어가는 한 글자 한 글자에 진심이 담긴다.

글을 쓰고 싶지만 당장 어떻게 시작할지 모르겠다는 독자들을 위해 3가지 노트 작성법을 추천한다.

### ① 모닝 노트

말 그대로 아침에 쓰는 노트다. 아침을 맞는 감정, 일과 중 중요한 계획, 오늘에 임하는 각오, 자신과의 약속 또는 다짐, 스스로가 정한 도전과제 점검, 문득 떠오르는 생각 등을 적는다. 아침에 일어나 씻고 나서 5분에서 10분 정도의 시간을 갖는 것도 좋겠지만, 출근길 지하철이나 버스에서, 또는 출근 후 업무를 시작하기 전에 잠깐 짬을 내서 적어보는 것도 좋다.

아침에 쓰는 글에는 그 어떤 글쓰기보다 솔직한 감정을 적을 수 있다. 아침에는 아직 마음의 솔직한 표현을 가로막는 어떤 방해물도 만나지 않았기 때문이다. 모닝 노트는 보다 기분을 좋게 만들고 따뜻한 위로를 받는 느낌을 준다. 덕분에 의식적으로 하루를 더 충실히 보내기 위해 노력한다. 그러다 보면 퇴근 후 피곤함에 찌들어, 불평불만만 하느라 소중한 시간을 낭비하지 않고 한눈팔기에 시간을 쏟을 수 있는 힘을 보충하게 된다.

## ② Why 노트

어떠한 생각과 행동의 원인을 찾기 위해 노트에 적어보는 것이다. 끊임없이 why라는 질문을 던지며, 마음속에 감춰진 내면의 소리를 듣는 과정이다. 예를 들어 '퇴근길 기분이 좋지 않다'라는 생각에서 시작해 이유를 찾아 들어가 보는 것이다. '상사의 눈치를 보며 야근을 해야만 했기 때문이다.' 그렇다면 '할 일이 있어서 자발적으로 야근했다면 이렇게 기분이 안 좋진 않지 않았을까?', '그렇다면 나중에 할 일을 야근하면서 미리 하면 되지 않았을까?', '야근하지 않고 집에 일찍 갔다면 무엇을 했을까?', '집에 일찍 갔다면 기분이 좋았을까?' 등 다양한 방향으로 생각을 확장해보는 것이다.

직접 실천해보면 자신도 모르고 있던 자신의 속마음을 듣고 깜짝 놀라게 되는 순간이 있을 것이다. why 노트는 생각하는 힘을 기르고, 삶을 더 나은 방향으로 변화시키는 도구가 될 수 있다. 그 과정에서 한눈팔기를 시작하고 지속할 수 있는 생각과 아이디어가 떠오를 것이다.

## ③ 감사 노트

주로 하루를 마감하는 시간에 하루 동안 있었던 감사할 일들을 적어보는 것이다. 많은 이들이 감사 노트를 쓸 것을 권하지만, 실천해보지 않은 사람들은 뭐 대단한 효과가 있을까 싶어 한 귀로 들고 한 귀로 흘린다. 하지만 감사를 통해 나타나는 긍정적인 효과는 우리가 일반적으로 생각하는 것보다 훨씬 크다. 미국의 심리학자들이 오랜 연구를 거쳐 감사로 인한 과학적 효과를 검증했는데, 감사하는 마음을 가질 때 뇌 좌측의 전전두피질이 활성화돼 스트레스가 완화되고 행복감이 느껴진다고 한다.

캘리포니아 주립대 로버트 에몬스Robert Emmons 교수 역시 실험을 통해 매일 5가지씩 감사한 일을 찾아 감사 노트를 쓴 그룹과 쓰지 않은 그룹을 비교했는데, 감사 노트를 쓴 그룹의 행복지수가 훨씬 높다는 것을 확인했다. 하루하루 감사할 일을 찾다 보면 정말 사소한 일들에도 감사함을 느끼게 된다. 나에게 이렇게 많은 행운이 찾아온다니, 그것 또한 감사한 일이라는 생각이 들 때가 있다. 감사의 힘은 자신감, 긍정적인 마인드와 함께 회복 탄력성을 높여준다. 일상의 작은 일에도 감사할 줄 안다는 것. 한눈팔기의 긍정적 효과와도 비슷하다.

위에서 제시한 3가지 방법은 글쓰기를 두려워하는 사람들을 위해 글쓰기에 쉽게 접근할 수 있는 방법을 소개한 것이다. 자신에게 가장 잘 맞는 방법을 찾아 무엇보다 꾸준히 쓰고 기록하는 것이 중요하다. 기록을 통해 자신의 마음을 읽는 사람과 마음의 소리에 귀 기울이지 않고 사는 사람의 삶은 큰 차이가 있다. 마음을 읽으며 스스로 정립한 삶의 의미와 방향, 지침에 맞게 한눈팔며 살다 보면, 인생이 재미있는 경험들로 가득 차는 풍요로움을 느끼게 될 것이다. 그리고 내 삶에 더 애착을 가지고 열심히 살게 된다. 기록을 하다 보면 마음을 들여다보는 것도 훨씬 쉬워지고 익숙해지며, 한눈팔기의 중요성을 더욱 더 강하게 느끼게 될 것이다.

# 디지털 디톡스, 스마트폰 사용시간을 다이어트 하자

건강을 위해 필라테스를 시작했다. 강사의 시범을 보며 구령에 맞춰 몸을 움직이는데, 워낙 유연성이 떨어지다 보니 여간 힘든 게 아니다. 운동 시작 후 10분만 지나도 땀이 주르륵 흐르지만, '몰입의 즐거움이 이런 건가?' 싶은 쾌감을 느꼈다. 동작 하나하나에 집중하다 보면 내 근육의 움직임이 느껴지고, 온전히 내 호흡과 몸에만 집중하게 된다.

"인간은 플로우Flow를 체험할 때 더욱 행복해진다"는 칙센트미하이의 말이 떠오름과 동시에 그의 저서 『플로우flow』에 나오는 "누구에게나 한 번쯤은 외적 조건들에 의해 압도되지 않고, 우리의 행동을 스스로 조절할 수 있으며, 내 운명은 내가 주인인 듯한 느낌이 드는 순간들이 있을 것이다. 이때 우리의 기분은 마냥 고양되고 행복함을 맛볼 수 있다. 이런 경험을 최적경험optimal experience이라고 한다. 이러한 순간들은 우리가 어렵지만 가치 있는 일을 이루기 위해 최대한도까지 스스로의 마음과 육체를 바쳐 자발적으로 전력투구할 때에 일어난다"라는 내용을 상기시키며 운동에 집중하고 있던 그때였다.

빠른 템포의 유행가가 날카롭게 울려 퍼졌다. 누군가의 휴대폰 소리였다. 몰입으로 인한 행복감은 순식간에 짜증으로 바뀌었고, 마음이 흐트러진 상태에서 다시 몰입상태로 돌아오기까지 10분 남짓한 결코 짧지 않은 시간이 걸렸다. 운동 중에는 어차피 전화가 와도 받지 않고 황급히 끌 수밖에 없는데, 왜 굳이 운동하는 50분 정도의 시간도 스마트폰과 떨어져 있지 못하는 걸까? 사물함에 넣어두었더라면, 혹은 무음으로 바꿔뒀다면 몰입의 시간을 방해받지 않았을 텐데 말이다.

로또에 당첨됐을 때, 혹은 직장에서 승진했을 때에만 행복감을 느낄 수 있을까? 다른 어떤 것에도 정신을 빼앗기지 않을 정도로 무언가에 몰입하는 순간에 느끼는 행복이 오히려 더 클 수 있다는 것을 아는 사람은 많지 않다. 그래서일까? 시시때때로 울리는 스마트폰이 얼마나 큰 행복의 순간, 즐거움의 시간을 방해할 수 있는지 그 심각성에 대해 인지하는 사람 역시 많지 않다. 스마트폰은 시간과 장소를 가리지 않고 울린다. 전화나 문자뿐만 아니라 수많은 앱이 자신의 존재를 잊지 말아 달라고 주기적으로 알림을 보낸다. 우리는 생각보다 꽤 자주, 하던 일을 멈추고 스마트폰에 관심을 빼앗길 수밖에 없다.

다시 필라테스에 몰입하다가 갑자기 울린 휴대전화 때문에 방해받은 순간으로 돌아가보자. 어떤 전화였을까? 후다닥 전화를 끊은 거로 보아선 불필요한 스팸 전화이거나 당장 지금 전화를 받지 않아도 되는 지인의 전화였을 것이다. 만약 전화가 아닌 짧은 알림음이 울렸다면 무엇이었을까? 메신저 앱이 친구의 생일을 알려주는 것일 수도 있겠고, 퇴근 후 다음날 업무를 지시하는 상사의 메시지였을 수도 있다. 아니면 할인 소식을 알리는 쇼핑앱의 알림이었을 수도 있다. 하지만 친구의 생일도, 회사 일도, 할인 소식도 중요하지만 그보다 더 중요한 건 우리가 그 순간 무엇과도 비교할 수 없는 몰입의 기쁨을 느끼는 중이었다는 사실 아닐까?

지금까지 내 의지와 상관없이 울려대는 스마트폰이 야속하게 느껴진 경험이 있다면, 당신은 직장에서 일할 때와 휴식을 취할 때 본인이 그 상황이나 시간에 오롯이 몰입하고 있는 것이 맞는지 점검해볼 필요가 있다. 몰입의 즐거움을 아는 사람은 본인의 시간을 스마트폰에 빼앗기는 것을 싫어하기 때문이다.

건강 또는 다이어트 이슈로 떠올랐던 '독을 해소하다'라는 뜻의 디톡스detox가 최근 디지털 기기로 대표되는 스마트폰과의 멀어짐을 뜻하는 '디지털 디톡스'라는 말로도 활용되고 있다. 디지털 디톡스를 실천해보자. 특히 휴식을 취하거나 한눈파는 우물에 몰입하는 시간을 보낼 때는 휴대전화를 끄거나 무음으로 전환하는 습관을 들여보도록 하자. 사람들은 보통 업무 중일 때는 집중력이 필요하다고 생각하지만, 업무 외적인 시간에는 굳이 그 시간 자체에 집중할 필요가 없다고 생각하는 경향이 있다. 하지만 행복한 사람들의 특징을 살펴보면, 현재를 살아가면서 손바닥에 느껴지는 감각, 머리칼을 스치는 선선한 바람, 눈에 보이는 사물 등에 최대한 집중하고 즐기는 습관을 지니고 있다고 한다.

2011년 CNN을 통해 처음으로 소개된 '팝콘 브레인Popcorn Brain'이란 증상은 스마트폰으로 인해 뇌에 지속적으로 큰 자극이 가해짐으로써 일상생활에 흥미를 잃게 되는 것으로, 스마트폰이 생활의 편리함만큼이나 얼마나 많은 것을 앗아가는지를 보여준다. 팝콘이 터지는 것처럼 우리의 뇌가 강렬한 자극에만 반응하는 현상을 팝콘 브레인이라고 하는데, 워싱턴대학교 정보대학원 데이비드 레비David Levy 교수는 스마트폰을 자주 보는 사람은 강한 자극에 즉각적으로 반응하는 반면 다른 사람들의 감정이나 느리고 섬세한 자극에는 무감각해지고 주의를 기울이지 못한다고 하였다.

스마트폰은 일상의 소소한 재미를 잃게 하며 한눈팔기를 방해하는 가장 큰 방해물이다. 한 글로벌 리조트 업체가 자사 회원들을 대상으로 가족과 함께 보낸 여가를 떠올려보며 당시 얼마나 행복감을 느꼈는지를 조사했다. 상당수의 사람이 스마트폰 때문에 즐거운 시간을 방해받았고, 그 때문에 행복했던 느낌이 많지 않았다고 답했다. 연구를 진행한 심리 및 뇌 과학 전문가 닐리 라비에 교수는 "여가시간 동안에 스마트폰을 자주 사용한 사람일수록 행복감을 덜 느끼는 것으로 조사됐다"며, "여가가 즐겁지 않아 스마트폰을 손에서 놓지 않는 사람도 있겠지만, 스마트폰을 보는 것 자체가 그 당시 상황에 전적으로 집중하는 것을 방해해 행복감에 영향을 미쳤을 가능성이 크다"고 설명했다.

딱히 필요해서가 아니라, 할 일 없이 멍하니 앉아 손에 스마트폰을 보며 시간을 때운 경험은 누구에게나 있을 것이다. 당장은 무료함 없이 시간을 보낼 수 있겠지만, 삶의 더 큰 재미를 빼앗아갈 수 있다는 것을 기억해야 한다. 이제부턴 의식적으로 스마트폰 사용을 줄여보자.

### ① 기상 알람은 스마트폰 대신 시계를 사용하기

많은 사람이 스마트폰으로 기상 알람을 맞춘다. 그 때문에 우리는 하루의 마무리와 하루의 시작을 스마트폰과 함께하게 된다. 그만큼 취침 전 스마트폰을 들여다보는 무의미한 시간이 길어지고, 아침에 일어나자마자 침침한 눈으로 스마트폰부터 확인하는 습관에 익숙해져 버린다. 스마트폰에 의존하는 습관을 버리기 위해서는 스마트폰을 침대에서 멀리 두는 습관부터 가져보자.

## ② 스마트폰을 사용하지 않는 휴식 집중시간 정하기

휴식시간에 스마트폰부터 손에 쥐는 습관을 버리자. 회사에서 갖는 잠깐의 쉬는 시간, 대중교통으로 이동하는 시간, 잠들기 전 침대에 누워있는 시간에 게임, SNS 확인, 검색 등을 하며 스마트폰을 들여다보는 것이 휴식이라고 착각하는 사람들이 적지 않다. 하지만 진짜 휴식은 스마트폰과 멀어지는 것에서부터 시작된다. 휴식 집중시간을 정하고 그 시간 동안에는 휴대폰을 무음으로 해두거나, 혹시라도 급한 전화가 올까 걱정이 된다면 데이터만이라도 차단해 인터넷만이라도 잠시 연결을 끊어놓는 것이 좋다.

## ③ 스마트폰 사용시간 점검하기

우리는 하루 중 얼마나 많은 시간 동안 스마트폰을 사용할까? 한 모바일 시장조사업체의 조사결과 우리나라 스마트폰 사용자들의 하루 평균 스마트폰 사용시간은 3시간, 20대는 하루 4시간 넘게 스마트폰을 사용하는 것으로 조사됐다. 잠자는 시간을 제외하면 하루 활동시간의 4분의 1 정도 시간을 스마트폰을 들여다보며 보내는 것이다. '설마 나는 아니겠지'라고 생각한다면, 확실하게 직접 스마트폰 사용시간을 확인해보는 것이 좋겠다.

스마트폰 사용시간을 알려주는 여러 앱 중 하나를 이용하면 자신의 스마트폰 사용시간과 횟수 등을 알 수 있다. 직접 사용해보면 아마 적잖은 충격을 받을 수 있다. 스스로가 얼마나 많은 시간을 스마트폰에 뺏기고 있는지를 눈으로 확인하면, 누가 강요하지 않아도 스마트폰에서 벗어나야겠다는 경각심을 갖게 될 것이다.

## ④ 디지털 단식

도저히 스마트폰을 손에서 내려놓기 어려운 사람이라면, 다시 말해 스마트폰 중독상태에 들어선 사람이라면 디지털 기기를 의도적으로 쓰지 않는 디지털 단식을 시도해보는 게 좋겠다. 미국 캘리포니아주립대학 래리 로즌Larry Rosen 교수는 구체적으로 '테크 브레이크Tech breaks'라는 방법을 소개했다. 우선 1분간 스마트폰을 사용한다. 각종 검색, SNS, 메일 확인 등을 1분 안에 끝내는 것이다. 그러고 나서 스마트폰 전원을 끄고 스마트폰 화면이 보이지 않게 뒤집어놓는다. 15분이 지난 후 다시 스마트폰을 사용한다. 역시 1분 이내로 끝내야 한다. 첫 주에는 15분, 다음 주에는 20분, 그 다음 주에는 25분 이렇게 시간을 늘려나간다. 이렇게 훈련해나가면 스마트폰 의존도를 점차 줄여나갈 수 있다.

우리는 스마트폰으로 인한 편의성에 눈이 멀어 스마트폰 때문에 일상의 많은 것들을 방해받고 있다는 사실에 무감각해진 듯하다. 더 이상 우리의 소중한 시간을 스마트폰에 빼앗기지 말자. 한눈파는 재미는 물론 일상을 살아가는 재미가 더욱 커지는 경험을 하게 될 것이다.

# 미션 컴플릿!
# 스스로 도전과제를 부여하자

게임중독은 단순한 재미 때문이 아니다. 게임에는 도전과제와 성취감, 보상, 경쟁적 요소가 응축되어 있어 사람들이 강한 몰입감을 느낀다. 도전과제, 성취감, 보상, 경쟁은 우리가 익숙하게 사용하는 단이이긴 하지만, 사실 일상생활에서 이 네 가지 요소가 복합적으로 결합한 형태의 경험을 하기가 쉽지 않다. 누구나 마음 한 편에 도전, 성취에 대한 동경이 있지만, 실패가 두려워 쉽게 시도하기 어렵기 때문이다. 또한 노력에 따른 적절한 보상이 따르지 않거나, 실패에 관대하지 않은 사회적 분위기도 역시 한몫을 한다.

게임에 중독되는 건 바로 이 때문이다. 비행기를 조종하고 우주, 정글을 탐험하고, 카페, 호텔, 도시를 꾸려가는 위치에 올라 미션을 수행하는 등 현실에서는 경험하기 어려운 도전과제들을 부여받고, 실패하더라도 포기만 하지 않는다면 얼마든지 재도전의 기회가 주어진다. 수십 번 넘어졌다가 수십 번 또다시 일어나 한 번 성공했을 때의 짜릿함과 그에 뒤따르는 보상은 무엇과도 바꾸기 어려운 재미다.

그렇다면 게임에 중독되게 만드는 요소들인 도전과제, 성취감, 보상 등을 일상생활에서 강하게 느낄 수 있다면, 삶이 더욱 재미있어지지 않을까?

최근 게임요소를 가미해 소비자가 상품이나 서비스를 이용하도록 하는 전략인 게이미피케이션Gamification이 주목받고 있다. 마케팅뿐만 아니라 학습·사회공헌 등 다양한 분야에도 활용되고 있다. 그보다 우리가 주목할 점은 게이미피케이션을 통해 한눈팔기에 쉽고 재미있게 입문할 수 있고, 한눈파는 우물에도 게임처럼 중독될 수 있다는 것이다.

"도전은 인생을 흥미롭게 만들며, 도전의 극복이 인생을 의미 있게 한다"고 조슈아 J. 마린Joshua J. Marine은 말한다. 어떤 도전과제를 정할 것인가? 도전과제를 정하는 사람도 바로 나 자신이고, 실행, 평가, 보상을 주는 사람 역시 자기 자신이다. 정답이 있는 것도 아니고 남 눈치 보지 않아도 된다는 뜻이다. 엉뚱해도 되고 무모해도 된다. 마음이 시키는 일이라면 무엇이든 괜찮다.

O 씨(31세, 여)

도전과제: 간호사로 살아온 지난 7년의 경험을 글로 써서 전자책으로 출간하기

동기: ① 글을 쓰고 싶은데 객관적으로 작문능력이 부족하다. 가장 편안하게 이야기할 수 있는 직업에 대한 소재로 글을 쓰는 연습을 해본다. ② 퇴사하기 전 경험한 간호사로서의 지난 삶을 정리하여 간호사를 꿈꾸는 누군가에게 도움을 주고자 한다.

기간: 1개월

보상: 남편과의 바다 여행


P 씨(30세, 남)

도전과제: 일주일 동안 TV 켜지 않기

동기: 퇴근 후의 시간을 너무 무의미하게 보내는 것 같다. 퇴근 후 1~2시간을 어떻게 알차게 보낼지 고민해보겠다.

기간: 일주일

보상: 일요일 저녁에 치킨과 맥주 먹기


K 씨(28세, 남)

도전과제: 블로그에 매일 글 하나씩 포스팅하기

동기: 일상을 기록하고, 직업적인 포트폴리오를 정리하여 공유하

고 싶다.

**기간 :** 1달

**보상:** 눈여겨봤던 운동화 구입


### L 씨(29세, 여)

**도전과제:** 미술 심리치료상담사 자격증 취득하기

**동기:** 나와 타인을 이해하기 위해 심리학 공부를 하고 싶다. 민간자격증이라 공신력은 크지 않지만, 미술 심리는 심리학에 대해 비교적 쉽고 재미있게 접근할 수 있는 분야인 것 같다.

**기간:** 100일

**보상:** 혼자만의 제주도 여행


도전과제를 정할 때는 반드시 왜 그러한 과제를 정했는지에 대한 동기를 꼭 점검해야 한다. 동기를 마음에 새기고 있어야 책임감이 부여되며, 다음 과제를 정할 때 역시 도움이 된다. 도전과제에 성공 혹은 실패한 후에 다음 과제를 정할 때도 그사이 혹시나 동기가 변화하진 않았는지 계속 점검해야 한다.

과제 수행 기간은 짧게는 일주일, 길게는 최대 100일로 정한다. 작심삼일의 고비를 한 번 넘기고 고생 끝에 낙이 온다는 성취감을 느낄 수 있는 기간이 최소 일주일이다. 반면 최대 100일이 넘어가는 도전과제를 세우면, 성취감과 보상에 대한 기대감이 떨어져 도전을 포기할 가능성이 비교적 크다. 100이라는 숫자가 주는 상징성 때문에 100일까지는 곰이 동굴에서 100일 동안 마늘을 먹듯 인내할 수 있지만, 그 이후에도 노력에 따른 어떤 보상이 따르지 않으면 쉽게 지치기 마련이다.

한편, 도전과제는 현재 본인의 수준을 객관적으로 점검해 목표를 너무 높거나 낮게 잡지 않도록 한다. 목표가 너무 높으면 쉽게 좌절하거나 포기하게 되고, 너무 낮으면 흥미를 느끼지 못하기 때문이다. 자신의 능력에 맞는 과제를 설정하면 조금만 노력하면 충분히 달성할 수 있기에 성취감과 동기부여에 도움이 된다. 게임이 재미있는 이유 역시 미션을 완수하기가 너무 어렵거나 쉽지만은 않아 미션에 성공했을 때 뒤따르는 보상과 성취감이 더 달콤하게 느껴지기 때문이지 않은가.

도전과제를 하나씩만 수행해야 하는 것은 아니다. 단기과제 2~3개, 단기과제 1개와 장기과제 1개를 동시에 수행하는 것도 효과적이다. 각자의 시간과 여력을 고려해 스스로 정하면 된다. 대신 진짜 게임이라고 생각하고 도전과제의 성패는 확실하게 판단한다. 적당히 타협해서는 흐지부지된다. 당연히 성공하면 좋겠지만, 실패하면 또다시 도전하면 된다. 물론 실패할 경우 실패 요인을 분석하고 과제를 수정, 보완하거나 실패를 인정하고 새로운 과제로 전환해야겠지만 말이다.

인생을 재미있게, 짜릿하게 즐길 나만의 도전과제를 세워보자. 어차피 혼자 하는 게임인데 뭐라고 할 사람이 누가 있겠는가? 성패보다는 자신의 성취감, 만족감만 생각하자.

# 낯선 곳으로
# 혼자만의 여행을 떠나자

　솔직히 말하자면 혼자 하는 여행은 생각보다 즐겁지 않을 수도 있다. 낯선 여행지에서 눈을 사로잡는 아름다운 또는 놀라운 풍경을 보며 느끼는 기분을 함께 공유할 사람도 없고, 당황스러운 상황에 부닥쳤을 때 상의하며 함께 상황을 해결할 사람도 없다. 삼삼오오 모여 다니는 사람들 속에서 혼자이기에 받는 호기심 어린 시선을 견뎌야 한다. 홀가분하고 차분한 힐링의 시간이 펼쳐질 거라고 생각하며 처음 혼자만의 여행길에 올랐다면, 정작 남의 눈치를 보며 한없이 작아진 자신을 만나게 될지 모른다.

　그럼에도 혼자만의 여행은 충분히 해볼 만한 가치가 있다. 1년에 3번 이상 혼자 여행길에 오르다 보면 어느새 혼자가 익숙해지고 남 앞에서도 더욱 당당해질 것이다. 작은 것 하나도 낯설게 느껴지는 덕분에 그동안 잠자고 있던 세포들이 하나둘 생동감 있게 깨어나는 느낌이 든다. 그 기분은 위에서 언급한 외로움, 눈치, 혼란 등의 감정을 싹 잊고 또다시 혼자만의 여행을 떠나고 싶은 마음이 들 만큼 강렬하다.

여행이라고 해서 꼭 멀리 가거나, 기간을 길게 잡아야 하는 것은 아니다. 각자가 계획하기 나름이지만 아침에 한 시간 거리의 근교에 나가 시간을 보내고 해 질 무렵 돌아오는 것도 여행이다. 중요한 건 익숙한 공간과 상황을 버리고 낯선 환경에 홀로 있어 보는 시간을 갖는 것이다.

프랑스 철학자 블레즈 파스칼은 인간이 스스로 불행하다고 느끼는 원인은 자기 자신을 마주하는 혼자만의 시간을 보내는 방법을 모르기 때문이라고 했다. 자신과 마주해보겠다고 혼자 방안에 앉아 멀뚱히 벽만 보고 생각하는 것은 누구에게나 어려울 수 있다. 그래서 혼자 여행을 떠나보라는 것이다.

혼자 하는 여행은 철저하게 자신만을 위해 보내는 이기적인 시간이다. 먹고 싶은 것, 가고 싶은 것, 보고 싶은 것 무엇이든 스스로 선택하는 대로 실현 가능하기에 철저히 자기 자신에게 집중하게 된다. 그렇게 스스로에게만 집중하다 보면 여행을 통해 나 자신을 좀 더 정확하게 알게 된다. 취향, 성격, 예기치 못한 상황에 대응하는 능력 등을 말이다.

한 우물만 파느라 혹은 남 눈치 보느라 하고 싶은 일들을 마음껏 하지 못했던 보통의 사람들에게는 이보다 큰 해방감이 없다. 어차피 혼자서 보내는 시간이니 아무도 무언가를 해야 한다고 강요하지 않는다. 오롯이 본인의 선택에 달려있다. 유명 유적지에서 유적을 보지 않고 한가로운 샛길의 매력에 빠져 하염없이 걷다 와도 좋고, 래프팅 명소에서 강을 바라보며 앉아 흐르는 물소리를 들으며 눈앞에 보이는 풍경을 그림으로 그려도 좋다. 혼자이기 때문에 여행지에서의 시간은 온전히 내 것일 수 있는 것이다.

비슷하고 반복적인 일상의 패턴에서 벗어나 낯선 곳에서 낯선 시간을 보낸다는 것은 사실 큰 용기가 필요하다. 그래서 혼자 하는 여행 경험이 쌓일수록 자신감도 높아진다. 여행 내내 정신을 바짝 차리고 자신을 지켜야 하고 예상치 못한 상황이 벌어졌을 때 혼자 해결해야 한다. 여행지에서 만나는 낯선 이들과도 혼자 부딪혀야 한다. 하지만 못 할 것도 없다. 내가 어떤 사람인지 아무도 모른다고 생각하면 오히려 없던 용기도 생긴다. 내가 낯을 가리든, 겁이 많든, 수다쟁이든, 어떤 성격을 가졌든 여행지에서는 중요하지 않다. 오히려 새로운 나로 변신해볼 기회가 되기도 한다. 그래서 자신도 몰랐던 자신을 발견하게 될지 모른다. 낯가림이 심해 낯선 이와 오래 눈 마주치며 이야기하길 어려워하던 사람이 여행지에서는 낯선 사람과 말도 잘하고 잘 웃는 전혀 딴사람이 되는 걸 여러 번 보기도 했다.

위에서 언급한 혼자 하는 여행의 좋은 점들이 이 책에서 강조하고 있는 한눈파는 시간을 보낼 때의 그것과 비슷하게 닮아있다는 걸 알아차린 독자들도 있을지 모르겠다. 그렇다. 혼자 여행을 할 때와 다른 우물에 한눈을 팔 때는 아무 눈치 보지 않고 스스로 시간을 계획하고, 하고 싶은 일을 마음껏 할 수 있고, 새로운 영감을 떠올릴 수 있으며, 성취감 및 자신감이 높아진다는 등의 공통점이 있다. 다만 혼자 하는 여행은 익숙한 상황을 차단하고 새로운 상황에 뛰어드는 것이기에 강도가 더 강하다 할 수 있다.

아무리 편한 사람과 여행을 한다고 해도 동행이 있는 여행에서는 상대방을 전혀 신경 쓰지 않을 수 없다. 서로의 관심사, 기호, 기분을 고려하고 살피는 게 함께하는 여행의 배려다. 물론 누군가와 함께하는 여행은 참 좋다. 여행지에서 보는 풍경과 예기치 않게 발생하는 에피소드들을 시시각각 이야기하며 그 당시에만 느낄 수 있는 감흥을 주고받을 수도 있고, 여러 먹을거리를 나눠 먹을 수도 있다. 무엇보다 여행 내내 외롭지 않고 든든하다. 친구, 연인, 가족 등과 함께 하는 여행을 포기하란 말은 아니다. 단 1년에 최소 3회는 가까운 곳이라도 혼자 여행을 하길 권하는 것이다. 만약 여러 사람 속에서 혼자가 되는 것이 두려워 여행길에 오르길 주저하게 된다면, 다음 3가지 방법을 참고하자.

### ① 스스로 미션을 부여하자

　남들의 시선에서 벗어나 본인만의 미션을 충실히 수행하고자 한다면 여행에 더욱 집중할 수 있게 된다. 예를 들어 그 지역에서 꼭 체험해야 하는 프로그램 두 가지를 수행하고 오겠다든지, 아니면 깊은 감흥을 받은 장소 세 군데를 직접 스케치해오겠다든지, 가장 행복해 보이는 가족의 뒷모습을 사진으로 찍어보겠다는 등의 미션을 여행 전에 정하고, 여행을 시작하는 것이다. 크고 작은 미션들을 수행하다보면 남들의 시선에서 조금은 더 자유로워질 수 있고, 지루함도 사라질 것이다.

### ② 카메라와 친구가 되자

　혼자 하는 여행에서 가장 든든한 친구는 카메라다. 카메라를 가지고 있으면 혼자 하는 여행이라고 괜히 위축될 필요가 전혀 없다. 여행지에 가보면 혼자 어깨에 카메라를 메고 활보하며 자신만의 여행에 집중하는 여행자들이 멋있어 보이기 마련이다. 주변의 시선을 이겨내기 위한 용도가 아니더라도, 카메라가 있으면 확실히 여행지에서 느끼는 외로움을 덜 수 있고 눈길을 사로잡는 순간과 그때의 감정을 사진에 담아 오래도록 간직할 수 있다.

### ③ 떠오르는 생각과 감정들을 잘 기록하자

낯선 여행에서는 평소에는 무감각했던 의식들이 깨어나 새로운 영감이 떠오르기 쉽다. 또한 스스로에 대해 고찰하는 시간을 갖기 마련이다. 그 생각들을 잘 기록해두지 않고 그냥 흘려보낸다면, 아주 중요한 성장의 기회를 잃는 것과 마찬가지다. 하루를 마무리하면서 숙소에서 기록해도 좋고, 여행 중간에 카페에 자리 잡고 앉아 차분하게 글을 쓰는 것도 한 가지 방법이 될 것이다. 파도가 치는 바다 앞 카페에서 파도 소리를 듣고 바닷바람을 맞으며 글을 쓰는 기분, 생각 만으로도 멋지지 않은가?

여행에도 저마다의 개성과 스타일이 묻어난다. 혼자 하는 여행을 좋아하는 사람도, 싫어하는 사람도 있을 수 있다. 하지만 익숙함을 버리고 홀로 떠나는 경험은 분명 해볼 만한 가치가 있기에 누구에게 나 권하고 싶다. 특히 중심우물의 익숙함에서 벗어나 한눈팔기를 시도하고자 하는 독자들이라면 반드시 경험해보길 바란다. 한 우물에 머무르길 거부하고 당차게 새로운 우물을 찾아 나서거나 이미 새 우물을 파고 있는 사람이라면, 분명 혼자 떠난 여행에서도 멋진 경험을 쌓고 올 수 있을 것이다.

# 가족, 친구들과 모임에선
# 보드게임BOARD GAME을 즐기자

보드게임은 게임판보드 위에 몇 개의 말 또는 카드 등을 놓고 정해진 규칙에 따라 진행하는 게임이다. 우리가 익히 알고 있는 젠가, 블루마블, 할리갈리 등이 보드게임의 대명사라 할 수 있다. 처음부터 이 책을 읽어온 독자라면 "어른이 어떻게 아이들이나 즐길 법한 보드게임을 해?"라는 말을 할 분들은 없을 거라 믿는다.

보드게임은 어린아이가 있는 가정에서만 하는 놀이가 아니다. 20세 이상 성인들에게도 반드시 필요한 놀이다. 한자리에 모여 있어도 특별한 대화거리가 없어 멀뚱히 텔레비전만 보고 있는 장성한 자녀들과 부모님이 함께 시간 가는 줄 모르고 웃고 떠들 수 있게 만드는 것이 바로 보드게임이다. 정해진 규칙만 익히고 원활하게 상호작용만 한다면 그야말로 취학 전 어린이부터 노인세대까지 전 세대가 즐길 수 있는 놀이다.

웃음보다 더 좋은 보약은 없다고 하는데 나이가 들수록 큰소리로 깔깔깔 소리 내어 속 시원히 웃을 일이 없다는 것이 평소 참 안타까웠다. 그런 안타까움을 한 방에 날려버린 속 시원한 경험을 한 것이 바로 '보드게임'을 통해서다. 네 식구가 한 자리에 둘러앉아 보드게임을 한 판 했는데, 어린아이도 없는 방안에선 시종일관 웃음이 끊이질 않았다. 무엇보다 그렇게 긴 시간 동안 부모님이 즐겁게 웃고 계신 모습을 언제 봤나 싶어 새삼 기분이 좋았다. 두 시간이 금세 지나갔고, 너무 웃어서 모두 옆구리가 아플 지경이었다. 얼굴을 마주하며 앉아 이렇게 오랜 시간 깔깔거리며 웃을 수 있는 가족이 얼마나 될까? 특별한 이야기를 나누지 않아도 보드게임을 매개로 한 마디라도 더 대화를 나눌 수 있고 수많은 감정을 나누며 즐겁게 지낼 수 있다.

요즘은 보드게임의 종류도 어마어마하다. 대중적으로 익숙한 몇 가지 게임 외에도 전 세계적으로 수만 가지의 게임들이 존재하고 장르도 여러 가지다. 각자가 맡은 임무를 수행하는 장르도 있고, 협력을 기반으로 한 장르, 한 편의 스토리를 완성하는 장르 등 각양각색이기 때문에 보드게임을 하다 보면 협상 능력, 팀워크, 전략적 사고, 경제 감각, 언어능력 등을 활용하게 된다. 보기에는 단순한 놀이처럼 보일지 몰라도, 고도의 집중력과 기억력, 자극에 재빨리 반응하는 순발력을 요하기 때문에 지루할 틈이 없다. 게다가 우리 뇌에 새로운 자극을 주기 때문에 사고력이 높아지고 어떠한 상황이나 사안에 대해 다각적인 아이디어가 떠오른다.

덕분에 해외에서는 이미 보드게임이 하나의 가족문화로 자리 잡았다. 학교에서 보드게임을 통한 교육도 이뤄지고 있고, 보드게임 도서관도 늘어나고 있는 등 생활 속에서 자연스럽게 즐길 수 있는 기회가 많아지고 있다. 최근 우리나라에서도 일부 영재학교가 보드게임을 개발하면서 공부하는 프로그램을 시행하고 있고, 보드게임 지도사가 양성되면서 방과 후 교육 프로그램을 통해 학교에 수업이 개설되고 있다.

보드게임을 권하는 것은 1장에서 나노 블록을 권했던 것과 같은 맥락이다. 혼자가 아닌 여럿이 함께해서 더욱 즐겁고, 보드게임으로 함께 즐거운 시간을 보낸 것이 곧 한눈팔기의 필요성과 장점을 널리 알리는 계기가 된다는 점에서 적극적으로 추천한다.

최근에는 단순히 보드게임을 즐기는 것뿐만 아니라 직접 게임을 개발하는 사람들도 많아지고 있는데, 보드게임과 다른 우물을 결합해보며 또 다른 재미를 얻을 수 있다. 예를 들면 이런 것이다. 하나의 게임을 개발하기 위해서는 다양한 배경지식이 필요하다. 만약 경제와 관련된 보드게임을 만든다고 하면, 경제 관련 분야에 대해 잘 알고 있어야 게임을 만들 수 있다. 게임을 만들기 위해 더 열심히 공부할 수밖에 없다.

　이제부터는 가족 또는 친구들과 모이는 자리에 늘 그래왔듯 술과 화투만 준비할 게 아니라, 함께할 만한 보드게임 한두 개를 준비해 보자. 새로운 재미를 선사함과 동시에 한눈팔기 전도사로 확실히 눈도장 찍게 될 것이다.

# 당신의 '즐겨찾기'를
# 관리하라

'즐겨찾기', 컴퓨터를 사용하면서 익숙하게 들어온 단어일 것이다. 인터넷 브라우저에서 다시 방문하고 싶은 웹사이트 주소를 목록 형태로 저장해둔 것을 말하며, 나중에 다시 찾아가고자 할 때 주소를 새로 입력하거나 포털 검색을 할 필요 없이 목록을 클릭만 하면 손쉽게 다시 찾아갈 수 있도록 한 기능이다. 클릭 한 번이면 바로 접속 가능하기 때문에 자주 찾는 웹사이트를 즐겨찾기 설정해두면 편리하다. 눈에서 멀어지면 마음도 멀어진다고 하듯, 눈앞에 두어야 익숙해지고 관심이 끊어지지 않기 때문에 즐겨찾기를 관리하는 것은 중요하다.

즐겨찾기 목록은 개개인의 개성을 반영한다. 즐겨찾기 목록만 봐도 컴퓨터 이용자의 관심사가 무엇인지 한눈에 파악할 수 있기 때문이다. 혹시 당신의 컴퓨터에 업무와 관련된 사이트들만 잔뜩 즐겨찾기 되어있다면, 지금 당장 변화가 필요하다. 다양한 우물에 한눈파는 사람의 즐겨찾기는 한 우물만 파는 사람의 그것과 다르다. 한눈팔기가 쉬워지는 즐겨찾기 특성을 먼저 살펴보자.

## ① 직장인을 위한 온·오프라인 강좌를 여는 아카데미

대표적인 곳 두 세 군데 정도만 즐겨찾기 해놓고 주기적으로 들어가 보면, 흥미를 끄는 강좌들을 발견할 수 있을 것이다. 무엇에 한눈팔아야 할지 몰라 막막할 때, 직무와 관련된 강좌에 먼저 한눈팔아보는 것도 좋고, 글쓰기, 문화예술, 취미, 커리어개발 등 직장인을 대상으로 하는 다양한 프로그램 중 가장 흥미로운 강좌를 수강하며 한눈팔기에 발을 들여놓는 것도 좋다.

이러한 강좌들은 그동안 흥미를 갖고는 있었지만 시간의 제약 또는 용기가 부족해 경험해보지 못했던 대상들에 대한 호기심을 해소하는 의미도 있고, 평소에는 별다른 관심이 없었지만 흥미를 갖게 되는 첫 시작이 될 수도 있다. 아카데미를 즐겨찾기 해놓고 주기적으로 접속하다 보면, 각각의 강좌들에 대한 호기심이 생기고 어느새 잊고 지냈던 배움에 대한 열정이 피어오르는 것을 경험할 것이다. 그 마음은 한눈팔기를 시작하는 원동력이 된다.

경험상 2주에 한 번 정도 즐겨찾기를 해둔 아카데미들을 방문해,

주기적으로 업데이트 되는 강좌들 중에서 관심 가는 강의를 발견하면 소중한 보물을 발견한 듯한 기분에 수업 시작 전까지 마음이 두근두근했다. 수업을 듣지 않더라도 개설되는 강좌들을 보면 요즘 직장인들이 어떤 것에 관심을 갖고 있고, 무엇에 한눈파는지 엿보는 기회도 된다.

나 역시 이렇게 수강한 장기 혹은 단기 강좌들이 20여 개 정도 된다. 퇴근 후, 또는 주말 수업을 들어야 했기 때문에 체력적으로 힘들 때가 없었다는 것은 거짓말이다. 하지만 업무 외 시간을 아무 생각 없이 TV만 보며 뒹굴거나, 스트레스를 풀고 싶어 스마트폰 게임을 하며 보낼 때와는 전혀 다른 뿌듯함과 즐거움을 느꼈다. 수업을 진행하는 강사들, 같이 수업을 듣는 수강생들로부터 받는 자극은 회사에서 듣는 어떠한 말보다 더 내 성장 욕구에 불을 지폈다. 내가 그동안 너무 내 업무에만 매몰돼, 다른 방식으로, 다른 관점으로 일과 삶을 바라볼 기회가 부족했다고 느끼는 계기가 되곤 했다.

나이가 들수록 새로운 것을 배우는 데 두려움이 앞서기 마련이다. 하지만 오히려 나이가 들수록 배워야 한다. 업무적인 성장 외에 배움이 주는 내적인 성장은 평생 느껴야 할 즐거움이기 때문이다. 배움을 시작하기 위해 뭔가 대단한 용기가 필요할 것 같지만, 그냥 꾸준한 관심만 갖고 있으면 쉽게 시작할 수 있다. 즐겨찾기에 두세 곳 정도의 교육기관만 추가시켜놓고 들락날락하는 것만으로도 이미 배움에 한눈팔 준비는 충분하다.

## ② 소비 트렌드를 파악할 수 있는 사이트

마케팅 분야에 종사하거나, 창업을 준비하고 있지 않더라도 소비 트렌드를 읽는 것은 매우 중요하다. 특히 중심우물 외에 다른 우물에 한눈팔고 있다면 말이다. 경제 분야에 대해서는 문외한이라 소비 트렌드를 파악한다는 말 자체가 어렵게 느껴진다는 분들도 있지만, 즐겨찾기에 관련 사이트를 추가하는 것만으로도 이미 절반은 성공이라 볼 수 있다. 먼저 대형마트, 소셜커머스, 경제신문 등을 컴퓨터 즐겨찾기에 추가해놓고 가끔 한 번씩 들여다보자. 또한 마트, 백화점 등에 자주 들르며 즐겨찾기하고, 매년 연말에 출간되는 새해의 트렌드를 분석하는 책들을 읽어본다면 금상첨화다.

주의할 점은 본래의 목적을 잊지 말아야 한다는 것이다. 즐겨찾기를 관리하는 것은 소비 트렌드를 읽는 데 목적이 있지, 덩달아 소비까지 늘어서는 안 될 것이다. 우리가 즐겨찾기 목록을 관리하며 소비 트렌드에 관심을 기울여야 하는 이유는 한눈팔 우물을 찾는 데 도움이 되는 것뿐만 아니라, 한눈파는 우물을 발전시켜 삶의 전환을 이룰 수 있는 기회를 포착할 수 있기 때문이다.

'소비'는 소비자들이 다양한 욕구를 충족시키기 위해 자원과 시간을 결합하는 모든 활동이다. 우리는 모두 소비자다. 모든 인간이 생명을 유지하고 생활을 영위하기 위해서는 반드시 소비활동을 하기 때문이다. 전문가들도 인간은 소비를 통해 신체의 유지와 관련한 기본적 욕구에서부터 자아실현과 같은 고차원의 욕구까지 다양한 욕구를 해결한다고 말한다. 그래서 소비 트렌드를 읽다 보면 기회가 보인다. 물론 기회를 포착하기까지 많은 시간과 노력이 필요하다.

2016년 가장 주목받는 트렌드는 '집'이었다. TV, 경제신문, 인터넷을 보더라도 집을 가꾸는 셀프인테리어에 큰 관심을 갖고 있는 사람들의 취향을 반영한 프로그램, 기사들을 쉽게 찾아볼 수 있었다. 먹방음식 먹는 방송은 지고, 집방집 꾸미기 방송이 떠올랐다는 말까지 나올 정도였다. 일례로 사진 또는 영상으로 집 구석구석을 찍어 공유하는 '온라인 집들이'가 유행했으며, 소셜커머스를 보거나 대형마트에 가보면 셀프 인테리어 상품들을 대상으로 한 기획전이 여러 차례 열렸다. 이는 사람들의 높은 관심과 판매 추이를 반영한다. 실제로 트렌드 분석 전문가들도 "사회적 불안이 커지면서 사람들이 집에서 보내는 시간이 늘어나고, 집 안에서 다양한 욕구를 충족하길 원하는 마음이 반영된 것이다. 때문에 사는 공간에 관심을 두고 집 안을 가꾸는 이들도 많아질 것"이라고 언급했다. <2016 대한민국 트렌드>

이러한 트렌드를 보며, 셀프인테리어에 대해 잠재되어 있던 욕구를 발견하고 우물 파기를 시도할 수도 있고, 현재 한눈팔고 있는 다른 우물과 이러한 트렌드를 접목해 창조적인 아이디어를 떠올릴 수도 있게 된다.

　J는 고등학교 때부터 타고난 손재주를 자랑했다. 그 당시 유행했던 목도리, 조끼 뜨개질도 뚝딱 해내고, 아기자기하고 예쁜 손그림도 잘 그렸고, 하물며 선물 포장을 할 일이 있을 때 J에게 가져가면 놀라운 포장 솜씨를 발휘하곤 하였다. 당시는 손재주로 유명한 친구였지만, 직장생활을 시작하면서 이러한 그녀의 특기가 발휘될 기회는 거의 없었다. 평범한 직장인으로 성실하게 회사를 다니다 보니 컴퓨터 타이핑 치는 손이 빨라졌을 뿐, 고등학교 친구들이 아니고서는 그녀가 남다른 손재주를 가지고 있다는 사실을 아는 사람은 없었다.

　입사 3년 차로 한창 회사에서 스트레스를 받던 때, 그녀는 불현듯 학생 때처럼 손으로 뭔가를 만들어보고 싶다는 생각을 했다고 한다. 그러던 어느 날 친구는 한 대형마트에서 기획전을 하고 있는 클레이아트 제품에 손을 뻗기 시작했다. 클레이아트에 한눈팔기 시작한 그녀는 자기가 만든 형형색색의 작품들을 사진으로 찍어 보여줬다. 처음에는 클레이 점토로 시작해, 점차 클레이 향초도 만들고, 클레이 쿠키도 만들면서 영역을 확장했다. 그리고 최근 그녀는 클레이아트를 가르치는 방과 후 교사로 변신했다.

　최근 초등학교 방과 후 교육이 강화되고 중학교에서 자유학기제가 시행되었다. 토론, 실습 등 참여형 수업이 많아지고 진로 탐색

활동 등 다양한 체험활동이 이뤄지면서 방과 후 교사의 수요가 급증했다. 특히 클레이아트는 인기 종목 중 하나다. 회사에서 받는 스트레스를 풀기 위해 시작한 한눈팔기를 가지고 그녀는 트렌드에 잘 맞춰 강사의 삶을 시작한 것이다. 손재주 있는 그녀에게는 꽤 만족스러운 직업이라고 한층 밝아진 표정으로 이야기했다.

한눈파는 우물을 제2의 직업으로, 또는 수익을 내는 꿀 취미로, 자신을 브랜딩 하는 수단으로 어떻게 활용할 수 있을지는 만드는 각자가 하기 나름이다. 누구에게나 가능성은 열려있다. 하지만 그 기회를 잡는 사람은 트렌드를 잘 읽고 있다가 한눈팔기와 연결 짓는 사람이다.

### ③ 나만의 스타일로 즐기는 나만의 아지트

발길이 자주 닿는 곳, 즐겨찾기하는 '나만의 아지트'도 필요하다. 한눈팔기를 즐기는 공간이 주로 집이었다면 가끔은 집 밖으로 나가 아지트에서 한눈팔기를 즐겨도 좋고, 마음이 편안해지는 아지트에서 그저 멍 때리고 있는 것만으로도 충전의 시간과 번뜩이는 아이디어가 떠오르는 기회를 만들 수 있다.

지난 2014년 한 취업포털이 실시한 '직장 내 아지트'에 대한 설문조사 결과, 응답자의 가장 많은 25.7%가 '화장실'을 아지트로 삼고 있다고 밝혔고, '건물 밖', '비상구', '테라스', '직원 휴게실' 등이 뒤를 이었다. 이들은 사무실에만 있는 것이 답답하고, 강도 높은 업무에 지쳐서 본인만의 아지트가 필요하다고 응답했고, 절반가량이 스마트폰으로 메시지를 주고받거나, 스마트폰 게임 및 검색을 주로 하는 것으로 나타나 아지트에서 스마트폰을 활용해 시간을 보내는 일이 많은 것으로 보인다. <취업포털 커리어(2014)>

어렸을 때를 떠올려보면 곳곳에 어른들은 모르는 비밀 아지트가 하나씩 있었다. 학교 끝나면 친구들과 곧장 달려가 신나게 뺑뺑이를 타는 놀이터는 그 당시 우리의 아지트였고, 내가 살던 아파트 옆에 있는 그 당시에는 이름을 알지 못했던 벗나무 아래 벤치가 친구와 속 깊은 이야기를 나누는 아지트였다. 아주 어릴 땐 방 한구석에 베개 몇 개를 쌓아놓고 그 공간 안은 나만의 아지트라며 과자도 숨겨놓고 책도 읽곤 했다. 지금도 그 당시를 떠올리면 마음이 편해지고 괜히 기분이 좋아졌던 것으로 기억한다.

어쩌면 어른이 되면서 마음의 위안을 받는 소소한 '아지트'를 잃어버린 것 아닐까 하는 생각이 들었다. 위 설문조사 결과만 봐도 직장인들이 말하는 직장 내 아지트는 마음의 짐을 내려놓는 편안한 공간이 아니다. 마치 상사의 눈치를 보지 않고 자유롭게 스마트폰을 사용할 수 있는 공간처럼 보인다. 물론 그런 시간과 공간이 불필요하다는 것은 아니지만 진정한 아지트는 아니라는 말이다. 그렇다고 퇴근 후 종종 발걸음을 옮길 만한 나만의 아지트를 가지고 있는 사람이 몇이나 될까?

문득 어린 시절 기억이 떠올라 퇴근 후 집 앞 놀이터를 찾았다. 낮이면 아이들의 웃음소리로 떠들썩했을 공간이 캄캄한 밤에는 정지된 놀이기구들과 함께 고요했다. 그때부터 저녁 8시에서 9시 사이에 놀이터는 내가 즐겨찾기하는 나만의 아지트가 됐다. 머릿속 떠오르는 생각을 메모하기도 하고, 누군가에게 줄 편지를 쓰기도 하고, 테이크아웃 커피를 마시기도 하고, 나노 블록을 조립하기도 하고, 그냥 무심코 앉아서 멍 때리기도 했다. 그곳에서는 오롯이 나에게만 집중할 수 있었다. 그러다 보니 내 마음 속에서 무엇에 한눈팔고 싶어 하는지 마음의 소리가 더욱 잘 들렸고, 한눈팔 때와 마찬가지로 마음이 편안해지면서 지친 마음을 위로받는 듯한 느낌이 들었다. 하루 동안 쌓인 스트레스를 풀겠다고 퇴근 후 밤마다 사람들과 술을 마시며 술집을 전전하거나 클럽, 노래방 등에서 시간을 보낸다고 해서 절대 느낄 수 없는 기분이다.

나만의 아지트 한두 곳 정도를 즐겨찾기에 추가해두는 것은 꼭 필요하다. 한 친구는 출근 전에 집에서 한 시간 정도 일찍 나와 여유롭게 앉아 시간을 보낼 수 있는 카페를 아지트 삼기도 했고, 주말 해가 서서히 질 무렵 한강에 남편과 간편한 원터치 텐트를 펴놓고 있는 그 공간이 아지트라고 말하기도 했다. 또 누군가에게는 집 앞의 작은 공원에 있는 벤치가 아지트였다. 그들은 그렇게 복잡한 머릿속을 비워내고 지친 마음을 위로받고, 새로운 에너지를 얻고 있었다. 오늘부터 당신의 즐겨찾기에 추가될 당신의 아지트는 어디인가? '새롭고 위대한 모티브'를 얻기 위한 당신만의 '은밀한 아지트'를 가져 보길 바란다.

지금까지 언급한 즐겨찾기 관리 방법은 한눈파는 데 있어서 도움이 될 만한 가장 기본적인 방법을 알려준 것이지, 정답은 아니다. 이에 기초해서 각자에게 필요한 것들을 나름대로 추가해 나간다면 한눈파는 습관에 한 발짝 더 다가갈 수 있을 것이다.

# 취향 공동체로
# 함께 한눈파는 시간을 만들자

아프리카 속담에 '빨리 가려면 혼자 가고, 멀리 가려면 같이 가라'는 말이 있다. 한눈파는 우리가 중점을 둬야 할 것은 빨리 가기보다 멀리 가는 것이다. 그러므로 여러분이 한눈파는 데 있어 시행착오를 줄일 수 있는 방법을 함께 고민함과 동시에 서로 의지하며 즐겁게 한눈팔 수 있는 사람이 주변에 있다면, 혼자인 것보다는 훨씬 더 큰 힘이 될 것이다. 함께 한눈파는 사람은 주변 동료, 친구, 가족일 수도 있고, 한눈팔다가 온·오프라인에서 새롭게 만난 사람이 될 수도 있다.

공통된 대상에 한눈파는 사람들과의 만남은 언제나 가슴이 뛰기 마련이다. 한눈파는 데 있어서 서로 조언을 해줄 수 있고, 작은 일에도 큰 공감을 공유할 수 있다. 결과적으로 함께해서 즐겁고, 쉽게 지치지 않으며, 서로에게 힘을 충전 받으면서 한눈팔기를 통해 두근대는 삶을 살 수 있게 된다.

2016년을 이끌 트렌드 중 하나로 성별, 연령, 소득, 지역 대신 비슷한 취향을 중심으로 모이는 '취향 공동체Society of the Like-Minded'가 손꼽혔다. '취향 공동체'는 서울대 소비 트렌드 분석센터가 뽑은 2016년 10대 소비 트렌드 키워드 중 하나이기도 하며,『라이프 트렌드 2016, 그들의 은밀한 취향』의 저자 김용섭 씨 역시 2016년 키워드인 취향에 주목했다.

자신만의 라이프스타일을 추구하는 사람들이 많아지면서 비슷한 취향을 가진 사람들이 서로 정보를 주고받고, 서로의 벽을 허물어 함께 즐기는 경우가 많아졌다. 특히 SNS의 발달은 취향과 관심사가 같은 사람들이 공동체를 만드는 데 큰 역할을 했다. SNS에서 사용하는 '해시태그(#)'는 자신의 관심 키워드와 관련한 콘텐츠를 모아 볼 수 있어, 단순한 정보검색을 넘어 같은 관심사를 가진 사람들이 네트워크를 형성하는 데 유용하게 활용되고 있다.

취향 공동체가 활발하다는 것은 그만큼 함께 한눈파는 사람을 만나기에도 좋아졌다는 것을 의미한다. 보편적이지 않은 이색취미 또는 취향에 한눈을 팔더라도 자신과 같은 사람을 찾아 공동체를 형성하는 것이 쉬워졌고, 그만큼 심리적 안정도 생긴다.

나 역시 한 독서모임에 참여하면서 참 많은 의지가 되었던 경험이 있다. 혼자 서점에 가서 무조건 베스트셀러를 고르는 것보다 독서모임에서 다양한 책과 사람들을 만나는 게 더 좋다는 것을 느끼게 되었다. 독서라는 데 한눈파는 사람들끼리 형성한 작은 공동체에서 교감을 나누는 것이 더 재미있고 서로를 독려하며 오래도록 지속하는 힘을 얻었으며, 무엇보다 다양한 생각들을 공유하다 보니 배우는 것이 많았다.

취미를 매개로 정보를 공유하거나 격려하기보다 술자리가 더 활발해지는 것은 지양해야겠지만, 공통된 취미, 관심사를 가진 사람들과 이야기를 하다 보면 뜨거운 동료애가 느껴진다. '친구 따라 강남 간다'는 말이 있다. 보통은 줏대 없는 사람을 두고 하는 부정적인 말로 쓰이지만, 이 말을 바꿔 '친구 따라 한눈판다'라는 말은 충분히 권할 만하다는 생각이 든다. 함께 한눈팔 동료, 친구가 있다면 한눈파는 재미는 물론 지속성 또한 확보할 가능성이 높기 때문이다.

꼭 오프라인에서 얼굴을 마주하는 만남을 가져야 하는 건 아니다. 얼굴, 이름, 성별, 나이를 알지 못해도 공통의 관심사, 참여할 거리가 있다면 얼마든지 유의미한 결과물을 만들어낼 수 있다. 백과사전의 대명사인 브리태니커를 제치고 세계적인 온라인 백과사전으로 탄생한 위키피디아를 예로 들어보자. 위키피디아Wiklpedia는 하와이어로 '재빠르다'란 뜻의 '위키위키Wiki'와 '백과사전Encyclopedia'의 합성어로, 단어에 내포된 의미가 말해주듯 위키피디아는 어떻게 정확한 정보를 빠르게 얻을 수 있을지에 대한 고민에서 시작됐다. 위키피디아를 만든 지미 웨일즈Jimmy Wales는 인터넷에 무료로 누구나 쓸 수 있는 백과사전을 만들어보면 좋겠다는 생각에서 위키피디아가 탄생했다고 말했다.

위키피디아는 인터넷에서 누구나 자유롭게 글을 쓸 수 있고 틀린 내용을 수정할 수 있도록 하여, 일반인도 쉽고 재미있게 참여할 수 있도록 한 것이 가장 큰 특징이다. 덕분에 방대한 지식이 끊임없이 갱신되고 사용자들은 무료로 양질의 콘텐츠를 이용할 수 있다.

위키피디아는 개인의 지능이나 소수 전문가의 힘으로는 이룰 수 없는 집단지성의 협업과 참여가 일궈낸 성과로, 서비스 시작 1년 만에 2만 개의 글이 올라오며 빠르게 성장했다. 현재는 280개 언어로 서비스되고 있고 14만 명 이상이 위키피디아 활동가로 참여하고 있다.

현대 사회는 하루에도 엄청난 양의 새로운 정보와 지식이 쏟아져 나온다. 아무리 뛰어난 전문가라도 개인이 그 변화의 속도를 따라가기란 불가능에 가깝다. 많은 사람이 함께 생각을 나누고, 참여하다 보면 더 좋은 아이디어와 지혜가 나올 때도 있다.

지금 한눈팔고 있는 우물과 관련해 다른 사람들과 정보를 공유하고, 서로를 격려하며, 의미 있는 일에 동참해보는 건 어떨까? 기회는 생각보다 멀리 있지 않다.

# '덕업일치'의 경지에 오른 맥주 덕후, 맥주 소믈리에 구충섭 씨

덕후들 사이에선 진정 성공한 덕후의 경지라 일컬어지는 덕업일치. 취미에 심취하다가 그것을 직업으로까지 삼게 된 사람의 삶은 어떨까? 그 궁금증에 대한 답을 얻기 위해 만난 사람이 바로 맥주 소믈리에이자 맥주 수입업체 대표, 국내 최초 맥주 협동조합을 만든 구충섭 씨다. 오랫동안 몸담았던 직장을 그만두고 한눈팔던 '맥주'라는 우물을 중심우물로 과감히 전환한 그는 본인 스스로 '취미를 업으로 삼은 행복한 사람'이라고 말한다.

구충섭 씨가 처음 맥주라는 우물에 발을 들여놓게 된 건 다름 아닌 맥주잔을 수집하면서부터였다. 맥주 브랜드별로 맥주를 가장 맛있게 마실 수 있는 전용 잔이 있는데 모양과 라벨 프린팅이 다채롭고, 같은 브랜드의 잔이라도 시기에 따라 그 형태가 조금씩 다르기 때문에 각양각색의 맥주잔에 욕심이 났다고 했다. 그가 수집한 맥주잔만도 2,000여 개가 넘는다. 맥주잔을 모으다 보니 맥주에 빠져든 것은 당연지사. 또한 라거, 에일, 스타우트 등 다양한 스타일의 맥주를 섭렵하다 보니 내 입맛에 맞는 맥주를 직접 만들어보고 싶다는 생각이 들었다고 한다. 아마 대부분의 맥주 덕후들은 이러한 마음에 공감할 거라고 했다.

그는 "와인은 신이 만들고 맥주는 사람이 만든다고 한다. 저마다 다른 인생을 사는 것처럼 맥주도 각양각색의 매력을 가지고 있다"고 말한다. 와인은 주재료인 포도의 작황이 중요한데 기후, 토질 등 아무래도 사람이 통제하기 어려운 요소들이 있지만, 맥주는 어떤 재료를 어떻게 배합할지 만드는 사람이 컨트롤할 수 있다는 차이점이 있기 때문이다. 원하는 재료를 가지고 다양한 맥주를 만들다 보면 맥주를 마시는 재미보다 만드는 재미에 푹 빠지게 되곤 한다고 했다. 맥주 맛을 상상하며 최소 2주 정도의 발효기간을 기다리는 즐거움은 덤이다.

그는 10년 이상 의류회사에서 일했다. 회사 일에 대한 욕심도 있었고 일 자체도 재미있어서 대체로 만족스러운 직장생활을 했다고 말했다. 다만 대부분의 직장인이 그러하듯 회사의 경직된 구조, 의견의 충돌 등으로 인해 스트레스를 겪긴 했지만, 맥주에 한눈파는 것이 스트레스를 해소하는 데 큰 도움이 됐다.

"좋아하는 취미생활을 하면 누가 하지 말라고 해도 즐거워서 한눈을 파는 것 같다. 수입이 안 되고 현지에서밖에 못 먹는 맥주가 있는데 그 맥주의 잔을 구했을 때는 회사에서 받는 스트레스가 싹 사라진다. 사진을 찍어서 지인들과 공유하다 보면 더 신이 난다."

그의 중심우물이 맥주로 전환되는 계기가 된 건 직장생활을 하던 중 휴가 기간에 혼자 떠난 벨기에 여행이었다. 여행 첫날부터 사흘 동안 벨기에 전역을 돌며 매일 맥주를 마셨다. 어느 선술집을 가도 높은 품질과 각각의 개성이 돋보이는 맥주를 마실 수 있다는 점이 인상적이었다고 한다. 하지만 여행 기간 동안 혼자 내리 맥주를 마시다 보니 당연히 지칠 수밖에 없었다.

그때부터 술 마시는 것을 그만두고, 사업적인 아이디어가 없을까 찾아봐야겠다고 생각해 무작정 현지인에게 벨기에 현지 맥주 도매상(수출업체)을 추천해달라고 부탁했다. 휴가를 가기 전 미리 계획했던 게 아닌 뭔가에 이끌리듯 시작된 즉흥적인 움직임이었다. 그는 "지금 생각해보면 뭔가에 홀렸던 것 아닌가 싶다. 다행히도 운이 좋게 지금의 사업 파트너인 브루어리와 도매상을 만나게 됐다"며, 뜻이 있는 곳에 길이 있다는 말이 꼭 자신을 두고 하는 말인 듯싶다고 한다.

벨기에 여행을 계기로 수입맥주, 특히 벨기에 맥주를 특화한 바틀샵(주류판매점)을 계획하게 되었고, 맥주를 좋아하는 분들과 힘을 모아

마음껏 맥주를 브루잉자가 양조 할 수 있는 공간을 오픈하기 위해 맥주 협동조합도 출범하였다. 이렇게 그는 한눈팔던 '맥주'라는 우물을 중심 우물로 바꿔나갈 준비를 서서히 해나가고 있었다. 처음에는 투잡 형태로 직장생활을 병행하며 맥주 브루잉 공간의 관리와 바틀샵 운영을 해나갔다. 스스로 준비가 다 됐다고 자신했을 때 직장생활을 그만두면서 자연스럽게 그의 중심 우물은 맥주로 바뀌게 되었다. 마침내 덕후들이 덕질의 최고봉이라 부르는 덕업일치의 경지를 이룬 것이다.

보통 취미가 업이 된 사람을 보면 드는 궁금증이 있다. 과연 취미를 일로 마주하게 돼도 취미 그 자체로 즐길 때처럼 변함없이 재미있을까? 아니면 일이 되는 순간 점점 흥미가 줄어들게 될까? 그는 "물론 취미가 일이 돼도 똑같이 스트레스는 받는다. 하지만 일을 하면서 맞게 되는 돌발 상황에 대한 스트레스지, 일 자체에 대한 것은 아니다"라고 답했다.

그는 자신이 중심우물을 바꾼 이유가 단순 재미 때문이 아니었다고 강조한다. 한눈파는 우물에서 중심 우물보다 더 큰 성장 가능성을 보았기 때문이다.


"의류회사에 10년 이상을 몸담았지만 '내가 이 일을 평생 할 수 있을까?'라는 의문과 함께 업무와 인생에 대한 고민을 했다. 그때 취미로 파고 있던 맥주라는 우물을 들여다보니, 가능성이 보였다."

대기업 위주로 돌아가던 맥주 시장을 최근 수입 맥주가 빠른 속도로 잠식해가고 있고, 벨기에와 독일, 중국 등에서 수입되는 맥주가 매년 두 자릿수의 높은 수입 증가율을 기록할 정도로 인기다. 또한, 최근 비슷비슷한 맛의 기성 맥주를 거부하고 자신의 입맛에 맞는 맥주를 찾는 사람들이 늘어나면서 수제 맥주가 소위 블루오션으로 떠올랐다. 이러한 트렌드를 눈여겨보고 있던 구충섭 씨는 취미로 파던 우물에서 투자 가능성을 발견했다. 기회를 놓치지 않은 덕분에 그는 취미를 업으로 삼은 행복한 사람이 될 수 있었던 것이다.

"독일은 몰트 중심의 굉장히 사전적인 맥주, 벨기에는 효모 중심의 다채로운 맥주, 미국은 홉 중심의 호피안 맥주로 나라마다 저마다 특징이 있다."

세계 각국 맥주의 특성을 설명하는 그의 목소리에 한층 더 힘이 들어갔다. 처음 듣는 이야기에 연신 호기심을 보이는 나의 반응에 신이 난 듯했다. 독일 맥주는 맥주 순수령 때문에 다른 첨가물은 넣지 못하고 홉, 몰트, 이스트, 물 딱 이 네 개만 넣어서만 만들기 때문에 사전적<sup>표준</sup>이고 모범적이라고 한다. 1500년 전부터 이 네 가지만 넣어서 만들어왔기 때문에 맥주를 모범적인 스타일로 잘 만들지만, 그래서 약간 재미가 없다는 단점도 있다. 벨기에는 상대적으로 맥주가 다양하다. 현대의 입맛에 맞게 재해석해서 과일, 설탕, 허브, 산야초 등 많은 부재료를 넣어서 다채롭게 맥주를 만든다. 최근 벨기에 맥주가 경쟁력 있다고 인정하는 사람들이 많아지고 있는 것도 그 때문이다. 한편 미국은 영국에서 넘어간 맥주 스타일로, 예전에 영국에 대항해 신대륙이나 인도무역을 할 때 맥주를 싣고 갔는데 홉이 천연방부제 역할을 하기 때문에 맥주가 상하지 않도록 홉을 많이 넣은 특징을 보인다. 맥주의 종류 중에서 라거, 필스너가 최고라고 여기는 사람은 독일, 도수가 높고 다른 재료를 넣어서 재미있게 만드는 걸 좋아하는 사람은 벨기에, 미국 맥주를 최고로 친다고 한다.

역시 좋아하는 것에 대한 이야기를 하다 보면 이야기를 하는 사람도 즐겁고, 듣는 사람도 기분 좋은 에너지에 빠져드는 듯하다. 끊김 없이 즐겁게 이야기를 이어 가는 구충섭 씨를 보며 든 생각이다.


한눈팔던 우물이 중심 우물이 되었으니, 이젠 다른 우물에도 한눈팔아야 하지 않을까? 궁금했다. 한눈팔기는 언제든 멈춰선 안 되기 때문이다. 그에게 현재 한눈팔고 있는 우물이 있는지 물었다.

"역사서를 좋아한다. 400~500권 정도 있을까? 세계사를 좋아해서 책을 읽다 보면 직접 가보고 싶어서 여행기도 사서 읽고 여행 계획도 짜보곤 했다. 그런데 맥주 사업을 하면서 1년에 두 번 정도 해외로 출장을 가기 때문에 세계사, 세계여행에 대한 우물도 더불어 더 깊어진 것 같다."

예전에 의류회사에 다닐 땐 맥주에 한눈팔면서 스트레스를 풀었다면, 이젠 1년에 몇 번 가는 해외출장으로 스트레스를 푼다고 한다. 예를 들어 이탈리아 로마의 문화적 발자취를 찾아보고 싶다는 욕구를 맥주와 연관 짓는 것이다. 그 지역 맥주는 어떤 게 있나 알아보고 맥주를 마셔보고, 역사, 문화적 지적 호기심도 채우고 온다. 일과 취미를 교차시키는 것이다. 예전에 직장생활을 할 때는 쉽게 할 수 없었던 일이 가능해진 것이다. 한 우물을 파면서도 한눈팔기를 잊지 않는 그는 "한눈팔기는 한 우물을 더 깊게 팔 수 있게 돕는 스트레스 해소의 도구"라고 강조한다. 맥주 제조와 판매를 같이 하는 브루어리펍을 만드는 것이 목표라는 구충섭 씨. 그의 우물이 또 어떤 변신과 발전을 이뤄낼지 기대되는 이유다.

마지막으로 맥주 소믈리에로서 맥주라는 우물에 입문하고 싶은 사람들을 위한 손쉬운 팁을 전하며 이야기를 마무리했다. "어떤 다른 것을 경험하기 위해서는 일단 시도를 해봐야 한다. 무궁무진한 맛들이 있는데 시도를 안 해보니까 모르는 거다. 본인한테 맞는 맥주를 고르기 위해서는 정형화된 맥주만 마시지 말고 다양한 시도를 해보라"고 권한다. 또한 "국내에 많은 맥주 스타일들이 들어와 있고, 대형마트에서도 손쉽게 세계 맥주를 구할 수 있다. 그리고 일본 주류시장이 우리나라보다 일찍 개방되고 주세가 낮아서 더 다양하게 들어오는 특징이 있는 만큼 맥주를 좋아하시는 분들은 일본여행 시 다양한 맥주들을 접해보는 것도 좋을 것"이라고 전하며 인터뷰를 마무리했다.

평범한 일상을 특별한 기회로 바꾸는
# 한눈파는 시간의 힘

**초판 1쇄 발행**  2016년 12월 5일
**지은이**  김민영

**펴낸이**  민혜영
**펴낸곳**  카시오페아
**주소**  서울시 마포구 월드컵북로 400 문화콘텐츠센터 5층 출판지식창업보육센터 8호
**전화** 070-4233-6533 | **팩스** 070-4156-6533
**홈페이지** www.cassiopeiabook.com | **전자우편** cassiopeiabook@gmail.com
**출판등록**  2012년 12월 27일 제385-2012-000069호
**외주편집**  이현령
**디자인**  김태수

ISBN 979-11-85952-61-1  03190
이 도서의 국립중앙도서관 출판시도서목록 CIP 은 서지정보유통지원시스템 홈페이지 http://seoji.nl.go.kr 와
국가자료공동목록시스템 http://www.nl.go.kr/kolisnet 에서 이용하실 수 있습니다.
 CIP제어번호: CIP2016028556